西湖的亭

施红燕 著

杭州出版社

图书在版编目（CIP）数据

西湖的亭 / 施红燕著. -- 杭州：杭州出版社，2023.7
 ISBN 978-7-5565-2159-3

Ⅰ. ①西… Ⅱ. ①施… Ⅲ. ①西湖—亭—介绍 Ⅳ. ① K928.74

中国国家版本馆 CIP 数据核字（2023）第 128966 号

XIHU DE TING
西湖的亭

施红燕 著

责任编辑	王晓磊
责任校对	陈铭杰
美术编辑	卢晓明
责任印务	姚 霖
出版发行	杭州出版社（杭州市西湖文化广场 32 号 6 楼）
	电话：0571—87997719　邮编：310014
	网址：www.hzcbs.com
印　　刷	杭州佳园彩色印刷有限公司
经　　销	新华书店
开　　本	710 mm × 1000 mm　1/16
印　　张	15.25
字　　数	195 千
版 印 次	2023 年 7 月第 1 版　2023 年 7 月第 1 次印刷
书　　号	ISBN 978-7-5565-2159-3
定　　价	68.00 元

自　　序

亭，不仅是供人憩息、远眺赏景之所，也是园林空间中美好的景观艺术品，又是文人士大夫撰联题景之地，是西湖遗产文化景观的重要组成部分。它们之中有的因其历史久远、意义特殊、形制独具特色等因素而被列入不同级别的文保单位，有的成为历史建筑或历史建筑的重要组成部分，所以对西湖景区"亭"的排查、梳理和研究，对于宣传亭文化、吸引游客、管理保护以及进一步的研究都具有一定的意义。

笔者曾做过调查，市面上也有书名相近或者内容相关的书籍，只是一般都会带上"台""楼""阁"，纯粹写"亭"的几乎没有；另外，由于这些书籍出版年份较早，西湖在经历综合保护工程以及申报世界文化景观遗产后，亭的变化还是比较大的，除了数量的增加，有的亭已易名或更换了楹联，有的亭经历了整改而有了局部变化，有的亭甚至已不存。所以，笔者力求此书与已面世的同类书籍在内容的专一性、收录的完整性、信息的全面性以及客观性上有所不同，力图以"全""新""真"作为本书的特色，同时从某种程度上可以弥补作为西湖遗产地重要景观构成要素之一的"亭"的专著的空缺。

本书只收录和研究"亭"，欲将这个"点"的文章做精做深做透。前几年，笔者因工作需要开始关注并搜集西湖遗产地范围内的亭的相关信息，尽力做到最大限度的全面性。在搜集到的 300 余个亭的收录选取上，笔者以"真实存在并发挥着功用"为原则，最终选择了其中的 260 余个亭收录于书中，按照这些亭的分布区域对它们的地理位置、

建造年代、形制、人文历史、楹联匾额、景观环境等相关信息以图文并茂的方式予以呈现，少数未被收录书中的那些亭，要么因为它们已荒废或地处某个不开放的区域，要么因为它们除了是"亭"，没有别的文化或历史价值。

撰稿的过程也不是简单地将文献资料进行整理汇编，而是将文献资料记载作为前期排查的基础信息。凭着多年考证工作的经验可知，有的文献记载会与现存情况不完全相符，有的文献记载甚至会出错，所以实地考察不可或缺。通过现场比对，一方面筛选出文献有记载且内容相符的亭，同时将那部分与现状不符的亭罗列出来，后期进行信息校核和补充；另一方面通过实地寻访，也会发现文献记载中从没出现过的亭，结果这些缺失的或新发现的亭的数量远远超过了现有的记载，这部分也是此书撰写工作的难点。在搜寻相关信息的时候，有时也会碰到文献资料之间出现矛盾的地方，为求信息的准确和翔实，笔者会向亭子所属的管辖单位求证。

随着杭州西湖进入后申遗时代，对构成西湖文化景观的组成部分有了更为规范和严苛的管理，对保护、修缮都提出了更高的要求——无论是保护管理内容、巡查频率、巡查记录规范、数据保留方式，还是维修时的选材、工艺和方法……这使得我们对西湖景观的保护工作不能仅停留在其核心组成部分，而是要本着"应保尽保、全要素囊括"的原则，保护对象甚至要细化到"清单式"或"分子式"。而体量小巧的亭在众多建筑中虽不起眼却很"惹眼"，对它们的关注和重视也与日俱增。西湖申遗前，我们尽力保护、还原西湖独特的人文景观，后申遗时代更好地保护好西湖更是我们的长期目标。

本书的出版是多年工作和学习的积累成果，希望借此也能为西湖遗产地的管理、保护工作者们提供更全面的数据信息参考，同时也能满足游客、亭的爱好者的好奇心和求知欲，同时期许这些点缀于西湖山水间的亭能得到更多的关注和爱护,激发本地人对家乡的自豪感,激发国人对中国风景园林文化的热爱和对中国文化的自信,但愿"亭亭"能常"袅袅",西湖能常"风风韵韵"。

目　　录

1 | 圣塘景区至长桥公园沿湖一带

- 2　圣塘闸亭
- 3　风波亭
- 4　问景亭
- 4　晚香亭
- 5　集贤亭
- 6　问水亭
- 7　"柳浪闻莺"御碑亭
- 7　钱王祠御碑亭
- 8　重修钱王祠（表忠观）碑亭
- 8　丁鹤年墓亭
- 9　会芳亭
- 10　鱼水亭
- 10　翠光亭
- 11　学士亭
- 12　清照亭
- 12　夕影亭

15 | 湖中三岛

- 16　"三潭印月"御碑亭
- 16　我心相印亭
- 17　四敞亭
- 18　卍字亭
- 19　亭亭亭
- 19　开网亭
- 20　振鹭亭
- 20　忆芸亭

21 | 孤山及周边

- 22　文亭和武亭
- 23　西湖天下景亭
- 24　万菊亭
- 25　四照亭
- 25　团结亭
- 26　范公亭
- 26　放鹤亭
- 28　净因亭
- 28　中山纪念亭
- 29　云亭

30 海霞西爽亭	35 剔藓亭
31 六一泉亭	35 缶亭
31 "平湖秋月"御碑亭	36 鉴亭
32 月波亭	37 趣亭
33 逸云寄庐观景亭	38 文澜阁清乾隆御碑亭
33 仰贤亭	38 文澜阁清光绪御碑亭
34 石交亭	

39 | 北山街一带

40 "断桥残雪"御碑亭	43 精忠柏亭
40 藻思天成亭和云水光中亭	44 穗庐四角石方亭（巴金手印亭）
41 绿水芙蕖亭	
42 慕才亭	45 穗庐八角石亭
43 风雨亭	

47 | 宝石山及周边

48 来风亭	52 双灵亭
49 仆夫亭	53 白云归处亭
50 葛岭路亭（又入佳境亭）	54 罨翡翠亭
51 抱朴庐半山亭	54 黄龙吐翠碑亭
51 宝云亭（葛岭六角亭）	55 鹤止亭
52 渝俗亭	56 长乐亭

57 | 花港观鱼公园和苏堤一带

58 "花港观鱼"御碑亭	63 杨公堤碑亭
58 藏山阁	63 乐水亭
59 寂照亭	64 刘庄八角亭
60 印影亭	65 三贤堂廊亭
61 牡丹亭	66 湖山亭
62 缔波亭	67 "苏堤春晓"御碑亭
62 绿猗亭	68 仁风亭

71 | 杨公堤一带

- 72 "曲院风荷"御碑亭
- 73 仁寿亭
- 74 杨堤景行碑亭
- 74 履泰亭
- 75 波香亭
- 76 风徽亭
- 76 觞咏亭
- 76 湛碧亭和诗碑亭
- 78 玉带晴虹亭
- 79 信风酥雨亭
- 79 梓翁亭（迎风映月亭）
- 80 赏心悦目亭
- 80 凝香亭和浣藻亭
- 81 如沐春风亭

83 | 上香古道至丁家山一带

- 84 慕侠亭（学到老亭）
- 85 半隐亭（赵之谦纪念亭）
- 86 凝紫亭
- 87 芳桂亭、靖云亭和清壑亭
- 88 总秀亭
- 88 黛色参天亭
- 89 嘉木清苏亭
- 90 山水有佳亭（醉白亭）

91 | 三台云水景区

- 92 于谦祠碑亭
- 92 三台闲亭
- 93 华来境里亭
- 93 和泽三春亭
- 94 舍香草堂亭
- 94 舒云亭
- 95 诂经亭
- 96 草木自佳亭
- 96 霁虹亭
- 97 羡鹄亭
- 97 东坡亭
- 99 子久亭
- 99 雅谷亭
- 100 樟亭

103 | 太子湾公园至雷峰塔一带

- 104 迎宾亭
- 104 清婉亭
- 105 拾翠亭
- 105 放怀亭
- 106 悠然亭
- 106 运木古井亭
- 107 净祖亭（如净禅师塔亭）
- 107 "南屏晚钟"御碑亭
- 108 乾隆诗碑亭
- 109 "雷峰夕照"御碑亭（夕照亭）

111 | 吴山景区

- 112 拱北亭
- 112 有美亭
- 113 侣山堂纪念亭
- 114 中国财税博物馆开馆碑亭
- 115 吴山天凤碑亭
- 116 九野澄平亭
- 116 四宜亭
- 117 坐忘亭
- 118 感花岩亭
- 119 江湖汇观亭
- 119 钟翠亭
- 120 叠泉亭
- 121 白鹿亭
- 121 云影亭
- 122 浙江体育会摩崖题记保护亭
- 123 积义亭
- 123 云松亭
- 123 浙江陆军监狱牺牲烈士纪念亭

125 | 凤凰山景区

- 126 节义亭
- 126 可汲亭
- 127 见湖亭
- 127 颜乐亭
- 128 曾唯亭
- 128 观风偶憩亭
- 128 凤凰亭
- 129 青霭亭和松涛亭
- 131 御书亭
- 131 松云亭

133 | 玉皇山景区

- 134 慈云岭石亭
- 134 涉岙亭
- 135 樱花地闲亭
- 135 七星亭
- 136 天真亭
- 137 江湖慰眼亭
- 137 天龙寺香亭
- 138 玉皇飞云碑亭

139 | 杭州植物园一带

- 140 爱鸟亭
- 141 拾遗珠处亭
- 141 碧莹亭
- 142 如鱼得水亭
- 143 灵峰亭
- 144 漱碧亭
- 145 云香亭
- 145 香雪亭
- 146 白亭子
- 147 掬月亭
- 148 洗钵池廊亭
- 148 来鹤亭
- 149 浣香亭
- 150 灼灼其华亭

153 | 灵隐路及灵隐景区

- 154 玉兰亭
- 154 "双峰插云"御碑亭
- 155 石莲亭
- 156 康熙诗碑亭
- 157 月波亭（玄亭）
- 157 春淙亭
- 158 壑雷亭
- 159 冷泉亭
- 160 翠微亭
- 160 乾隆诗碑亭
- 162 具德亭
- 162 韬光径亭
- 163 一瓯亭
- 164 景晖亭
- 164 毛泽东诗碑亭

165 | 梅岭路一带

- 166 佛学院碑亭
- 166 三生亭
- 167 月桂飘香亭
- 168 梦泉亭
- 169 梵音亭
- 169 梅坞春早景碑亭
- 170 三聚亭
- 170 洗心亭
- 171 云栖竹径景碑亭
- 171 双碑亭
- 172 兜云亭
- 173 遇雨亭
- 173 密云亭
- 174 皇竹亭

175 | 龙井一带

- 176 振鹭亭
- 176 过溪亭
- 177 风篁亭
- 178 浣花亭
- 178 片云亭
- 179 江湖一勺亭
- 180 听泉亭
- 181 与偕亭
- 181 思茶亭
- 182 梅亭
- 182 龙泓亭
- 182 辩才亭
- 183 熏陶德化亭
- 184 惠风和畅亭
- 185 茶有真香
- 185 啜英咀华亭（清轻甘洁亭）
- 186 澄怀亭
- 187 迟桂亭
- 187 问茶亭

189 | 满觉陇至南高峰一带

- 190 石屋洞半山亭
- 191 擒云亭
- 191 吟香亭
- 192 满陇桂雨景碑亭
- 193 水乐洞门亭
- 193 寄迹忘机亭
- 194 湖山无恙亭和六桂香远亭
- 194 烟霞古洞半山亭
- 195 舒啸亭
- 195 吸江亭
- 196 陟屺亭
- 197 无门洞亭
- 197 尺咫摩天亭
- 198 骋望亭
- 199 听泉亭

201 | 满陇桂雨公园至九溪一带

- 202 金粟亭
- 203 四眼井亭
- 203 双绝亭
- 204 含晖亭
- 204 清音亭
- 205 仰止亭
- 206 真珠亭
- 206 钱江大桥守护亭
- 207 英烈亭
- 208 秀江亭
- 208 六和钟声亭
- 209 六和碑亭
- 210 赏鱼亭
- 210 伏虎亭
- 211 林海亭
- 212 九溪烟树景碑亭
- 213 八觉亭
- 213 法雨亭
- 214 法雨泉保护亭

215 | 附录：浅析西湖山水间那些"身份"特殊的亭
230 | 后记

圣塘景区至长桥公园沿湖一带

圣塘闸亭

圣塘闸亭位于杭州少年宫广场东南角沿湖处、三面有石栏的平台上,为一座钢砼结构亭身、仿木歇山顶亭,南面亭顶作骈连双翘角处理,造型新颖。亭子东、南、西三面是局部敞开的,北面是封闭的。如今的圣塘闸亭虽非小憩

圣塘闸亭

之地或纪念之所,但其北面外墙上刻有的白居易在任杭州刺史时治理西湖的文告《钱唐湖石记》碑石尚在行使它传承历史的使命,此文也成了他为官杭州期间关爱百姓、为官清正的最好佐证。

亭匾"圣塘闸亭"由刘江以篆体题书,其两侧楹联内容为:"一湖春水低回,有长堤十里,烟柳画桥,指点白苏二公遗泽斯在;三面云山飘渺,数灯火万家,重楼绣阁,欣看天地六和神秀齐来。"此联由陈文锦撰,金鉴才书。亭南另有"源远流长"匾,由沈立新题书,其两侧内外共有两副楹联,悬挂于外侧的内容为"设闸筑堤,黎庶至今受其惠;流芳遗爱,湖山终古念斯人",由王翼奇撰书;内侧的楹联内容为"白傅诗传,救荒留汝一湖水;杭人谚在,揽胜数他六吊桥",由戴盟撰书。

圣塘闸是连通西湖与杭州城区内河的主要通道,历史悠久,它与石函闸和龙闸并称西湖三闸。圣塘闸始建于南宋咸淳六年(1270),时称"九曲昭庆桥",至明代改称"溜水桥",桥下设闸,用来调节西湖水位,灌溉农田,为西湖最早的水闸。1950年,圣塘闸木制闸门改为铁门,泄水口改建成混凝土暗渠。1984年,圣塘闸由人力启动改为电力启动,并于1987年在其上建亭,名"圣塘闸亭"。

风波亭

风波亭位于杭州湖滨公园钱塘门遗址附近,为一座四柱重檐攒尖顶方亭,亭柱间设坐栏。

亭匾"风波亭"由沈鹏书,亭柱有一抱柱楹联:"有汉一人,有宋一人,百世清风关岳并;奇才绝代,奇冤绝代,千秋毅魄

风波亭

日星悬。"此联由清代沈衍撰,鲍贤伦书。联中"有汉一人""有宋一人"分别指三国蜀汉时的关羽和宋代的岳飞。下联看似零星几字,却是道尽了风波亭所关联的人物——抗金英雄岳飞的生平。

风波亭是南宋抗金英雄岳飞遇害之处。据史料记载,风波亭原址在如今小车桥附近,为纪念岳飞,弘扬其爱国精神,同时丰富西湖的忠烈文化,杭州市政府在2003年新湖滨景区提升改造时,根据市民及专家意见,在钱塘门遗址、原南宋大理寺狱旧址上,仿宋代风貌复建了风波亭、风波桥景观。

问景亭

问景亭位于杭州湖滨公园六公园九芝小筑、南侧二层长廊尽头临湖处，为一座四柱攒尖顶钢砼结构亭，四周设较矮围栏，是近观西湖景色之佳处。

亭匾"问景亭"以草书题书，落款为"癸未年冬，湖畔人集"，无楹联。

问景亭，曾名"芝云亭"，其所在的"九芝小筑"别墅群是当年上海知名商人黄楚九于二十世纪二十年代建造的豪华别墅群，当时别墅内曾有九处名中有"芝"字的建筑，故名"九芝小筑"，后因主人破产而几易其主。新中国成立后，建筑收归国有。在二十世纪九十年代初的湖滨路改造工程以及后来的圣塘景区建设工程中，拆除了九芝小筑别墅群部分建筑及其围墙。如今的圣塘路别墅群由两幢坐北朝南和一幢坐东朝西的西式建筑、连廊及此亭围合而成。

晚香亭

晚香亭位于杭州湖滨公园一公园内，与集贤亭隔水相望，为一座六柱攒尖顶钢砼结构亭，亭柱间设长条坐凳。

亭匾"晚香亭"由沙孟海题书，其两侧楹联内容为："风月无边，信是湖山着意；园林有幸，只缘翰墨多情。"此联由张学理撰，商向前书。

据记载，1988年8月8日，台风突袭杭城，原六公园内一无名亭被风吹坍。事后，杭州市离休干部书画协会征集会员书画作品四百余件义卖，并将所得款五千元全部资助建亭。1991年元月，亭落成，命其名为"晚香"，亭旁置有"晚节留香"横式石碑。

湖滨一至六公园合称"湖滨公园"，享有杭州"城市会客厅"的美誉。晚香亭所处的一公园是杭州市民休闲的好去处，也是外地游客到杭旅游的首选地之一。

清代,湖滨一带为八旗驻防营地,建有城墙,主城区与西湖以城垣相隔。1913年后,拆除钱塘门至涌金门间的城垣与旗营,修筑湖滨路,并在沿湖狭长地带辟建一至六公园。至1930年,西湖一至六公园全线建成,实现了"城湖合璧"的城市格局。通过多年的提升改造,湖滨公园已成廊台楼亭分布、绿树浓荫夹道、四季花色缤纷的现代城市公园。

集贤亭

集贤亭位于杭州湖滨公园一公园临湖处,为一座六柱重檐攒尖顶亭。亭依托浮于水面的一段堤突显于湖岸,是近观西湖景色的绝佳之处,亭本身也成为西湖重要标志性景观。

亭匾有二,面对湖岸的"集贤亭"匾为集唐代书法家李邕字,其两侧楹联内容为:"众说林亭美,湖城绮陌容啸傲;天成云水乡,景胜新妆亦经纶。"此联由洪尚之撰,姚建杭书;面朝湖面的"逸兴遄飞"匾为集明代书法家文徵明字,其两侧楹联内容为:"水绿山青,座中人醉;花明柳暗,湖上春长。"此联由彭玉鳞撰,俞建华书。

集贤亭

据文献记载,集贤亭所在位置为清代西湖十八景之一的"亭湾骑射"之所在。《西湖新志》卷二有记载:"在涌金门北城湾,俗称黑亭子,下有明沟二道,一名'集贤水笕',一名'集贤后闸',皆引湖水入

城灌六井、通清河者，亭久圮。雍正间，李卫重构射亭，为较阅之所，曰'亭湾骑射'，为增修西湖景目之一。今城毁而亭亦与之俱毁矣。"由此可见如今集贤亭得名的缘由。集贤亭于2002年在西湖南线整治工程中建筑，曾毁于2012年9月台风，后及时复建。亭内地面八旗子弟骑射飞鸟的浮雕再现了清代西湖十八景之一的"亭湾骑射"的习武场景。

问水亭

问水亭位于杭州涌金公园临湖处，为一座十二柱单檐攒尖顶钢砼结构亭，且东西两翼各接钢筋混凝土结构的长廊。

亭匾"问水亭"三字为集宋代蔡襄字，有题跋："明万历年间孙东瀛建长亭于涌金门外高柳下，楼船画舫会合亭前，朝则解维，暮则收缆。山阴张宗子梦寻此语及之，壬午秋月，集蔡襄自书诗字。"其两侧楹联内容为："平沙水月三千顷；画舫笙歌十二时。"此联由李早以篆书题书。此联出自明朝诗人张杰《柳洲亭》诗，全诗为："谁为鸿蒙凿此陂，涌金门外即瑶池。平沙水月三千顷，画舫笙歌十二时。今古有诗难绝唱，乾坤无地可争奇。溶溶漾漾年年绿，销尽黄金总不知。"

据记载，涌金门外原有一洲——"柳洲"，有"二贤祠""柳洲寺（亭）"等景观。问水亭初建于明万历年间，明代文学家王思任游历杭州时曾留下《问水亭》诗："我来一清步，犹未拾寒烟。灯外兼星外，沙边更槛边。孤山供好月，高雁语空天。辛苦西湖水，人还即熟眠。"当时此亭除歇脚小憩之外，还是个停舟码头。至清代，亭毁。后随着城墙的拆毁，柳洲也逐渐荒芜。二十世纪八九十年代，在西湖整改工程中，恢复了部分旧迹，"问水亭"就是其一。

"柳浪闻莺"御碑亭

"柳浪闻莺"御碑亭位于杭州南山路钱王祠东北、紧邻西湖十景"柳浪闻莺"国保标志碑,为一座四柱歇山顶方亭,实为御碑保护亭。据记载,碑亭原在钱王祠右,1955 年拓建柳浪闻莺公园时,将碑亭移建此处。

亭无匾,有楹联一副:"拂地长条,只藏莺鸟春声滑;翻空翠浪,不起鱼龙夜气醒。"此联由俞建华书。楹联为集句,集三篇诗词中的佳句:"拂地长条"出自明代女词人朱盛藻《蝶恋花·柳影》词中的"拂地长条谁是主。露下芙蓉,只恐难留住";"只藏莺鸟春声滑"及"不起鱼龙夜气醒"句出自明代文学家聂大年《柳浪闻莺》诗中的"雨后翻空一派青,苏公堤畔系渔舲。只藏莺鸟春声滑,不起鱼龙夜气腥……";"翻空翠浪"出自《西湖志纂》卷一:"(康熙)御题'柳浪闻莺'……柳丝踠地,轻风摇扬,如翠浪翻空。"

亭内立有西湖十景之一"柳浪闻莺"景名的御碑,原碑为清康熙三十八年(1699)康熙帝巡游西湖御书,于康熙四十一年(1702)勒石而立。乾隆十六年(1751),乾隆帝巡游西湖后,在此御碑上题诗:"南渡宋家忘北金,相于丝管乐春深。新莺一啭非无意,河北由来有故林。"只是原碑已在"文革"时期被毁,现碑为二十世纪七十年代按原碑大小摹刻重立。

钱王祠御碑亭

钱王祠御碑亭位于杭州南山路钱王祠内,为一座十六柱重檐歇山顶木构亭。

亭无匾,无楹联,为御碑保护亭。亭内立有一块被神兽赑屃驮着的御碑,以木栏围护。碑石上书"忠顺贻麻"四个大字,为清乾隆御题,是乾隆十六年(1751)第一次南巡来杭州,乾隆看到钱王所立"表忠碑"而御笔亲题"忠顺贻麻",以示钱王忠顺,其功绩将世代相传且护佑子孙后代。

重修钱王祠（表忠观）碑亭

重修钱王祠（表忠观）碑亭位于杭州南山路钱王祠内，与钱王祠御碑亭左右相对而立，且形制相似，为一座十六柱重檐歇山顶亭。

亭无匾，无楹联。亭内立有一石碑，记录了前后两次重建钱王祠（表忠观）之事。碑石阳面为2003年西湖南线整治时所刻《重建钱王祠碑记》；阴面为清代嘉庆年间阮元所撰《重修表忠观碑记》，碑文详细叙述了表忠观的建置沿革。

重修钱王祠（表忠观）碑亭

丁鹤年墓亭

丁鹤年墓亭位于杭州南山路柳浪闻莺公园内、"闻莺馆"茶室北侧，为一座具有明代风格的六柱重檐攒尖顶石亭。大小额枋用丁头拱、替木承托，每面下檐用单翘重昂、上檐用单翘单昂斗拱各四攒，外承上下檐，内托六角形藻井，下垫皿板。柱倚抱鼓石，柱间设长条石坐凳。

亭无匾，无楹联。亭内置一石棺，为元代丁鹤年墓。丁鹤年（1335—

丁鹤年墓亭

1424），字永庚，号友鹤山人，出生于医药世家。武昌籍色目人，穆斯林。他是元末明初诗人，京城老字号"鹤年堂"的创始人。

　　丁鹤年与杭州渊源颇深。他的曾祖阿老丁是元大都名噪一时的饮膳太医，也是西域巨商，后来到杭州，出资重修了我国东南地区四大清真寺之一的凤凰寺，去世后葬于杭州。其父因任武昌达鲁花赤而在元末成了被起义军追杀的对象，颠沛流离的丁鹤年不得已携家人南下避难，来到浙东投奔任定海县令的从兄吉雅谟丁，不久，从兄去世，丁鹤年又流落在浙东各处。直至永乐登基后，对色目人采取了融合政策，丁鹤年才北上来到了色目人聚居的北京，并于永乐三年（1405）在京创办"鹤年堂"，后来则成了京城老字号。明永乐六年（1408），74岁的丁鹤年将创办了三年的鹤年堂传交儿子经营，自己则来到杭州为母守孝，直到九十岁去世，葬于原回民南园公墓（今柳浪闻莺公园内）、其曾祖父阿老丁墓旁，后人感其孝而在墓旁建亭，以作纪念。1949年10月，丁鹤年墓所在地被辟为公园，墓深埋土中，保留了石亭。1999年，杭州市伊斯兰教协会组织建"丁鹤年墓亭"碑，铭文记事，供后人凭吊。2002年亭外的墓冠石被移入亭内保护。墓亭于2005年3月被列为浙江省省级文物保护单位。

会芳亭

　　会芳亭位于杭州南山路柳浪闻莺公园内的一个小土坡上，临近丁鹤年墓亭，为一座二十四柱三重檐攒尖顶圆亭。

　　亭匾"会芳亭"为集明代董其昌字，无楹联。

　　此亭的形制较为特殊，首先是形状，在西湖诸亭中，以矩形为多，圆形较少，此亭就占其一；其次是檐层，多数亭子单檐，少数是双重檐，极少数是三层檐，此亭又占其一；再者是亭柱，中小体量的亭子亭柱数量四到六柱，体量大的也以八到十六柱居多，会芳亭的亭柱却多达二十四柱；最后是结构，一般亭子结构通常较为简单，其赏景休憩的功能注定其结构的空透和简洁，此亭分内、外两层，内外两层各有十二柱，内层还增设矮墙和简凳，是西湖山水诸亭中形制较为特别的一个亭。

会芳亭

鱼水亭

鱼水亭位于杭州南山路柳浪闻莺公园"闻莺馆"前、临水塘处，为一座四柱攒尖顶木构亭，其攒尖顶部为一条鱼的设计。

亭匾"鱼水亭"三字由迟浩田题书，无楹联。

2002年初，浙江省军区、中共杭州市委、杭州市人民政府共同把西湖环湖南线景区建设确定为"军民共建工程"。在工程实施中，省军区积极配合拆迁工作，热心参与工程建设。柳岸草坪、亭台楼阁，处处凝聚着军民并肩共建的深情与"军民鱼水一家亲"的优秀传统，为"还湖于民，还景于民"谱写了崭新篇章，给西湖南线美景增添了特殊内涵，所以特建此亭以志纪念。

翠光亭

翠光亭位于杭州南山路柳浪闻莺公园临西湖处，为一座十六柱重檐歇山顶亭，除东西向留有通道外，四周设有大理石围栏。

亭匾"翠光亭"是集宋高宗赵构《草书千字文》字，其两侧楹联内容为："翠柳翻晴空，莺穿树色千重翠；光风拂烟水，棹举鳞波万点光。"此联由洪尚之撰，宋涛书。

"翠光亭"有"御码头"之称，从五代开始，历朝皇帝游览西湖多从柳浪闻莺和涌金门外的埠头下湖。宋室南迁后，偏安一隅，乘船游湖盛极一时，据《湖船录》《武林旧事》等文献记载，南宋皇帝通常会在上下船的埠头建有亭子，特别是宋高宗、孝宗、理宗时期，当时

翠光亭

柳浪闻莺的埠头叫翠光亭。到了清朝，康熙、乾隆皇帝的母后等皇室贵族来游西湖都在此处登船游湖。2002年借助古书、古画的记载，复原了"御码头"和埠口亭子"翠光亭"。复原的"翠光亭"造型典雅大气，是近赏西湖美景之绝佳处。

学士亭

学士亭位于杭州南山路学士公园"柳莺宾馆"内，为一六柱攒尖顶亭。亭置挂落，亭柱间设坐栏。

亭匾"学士亭"由杨西湖题书，其两侧楹联内容为："学士长留湖天一碧；游人小住心迹双清。"此联由王翼奇撰书。

学士亭

学士公园东靠南山路，西临西湖，是在二十一世纪初西湖南线整治工程时在原"儿童公园"旧址上

建成的一大片绿地公园。它连接了柳浪闻莺公园与长桥公园。因旧时有学士桥、学士港,并相传宋代有学士居于此,故有"学士公园"之名。

清照亭

清照亭位于杭州南山路学士公园内,为一座四柱歇山顶矩形亭,亭柱间设长条坐凳。

亭匾"清照亭"三字集宋代米芾字,其两侧楹联内容为:"玉润珠圆,文苑长兴易安体;山明水秀,词魂永客武林春。"此联由张学理撰,王潄居书。

此亭是为了纪念宋代女诗人李清照(易安居士)而建。南宋定都之后,李清照较长时间居留西湖,据说曾居住在清波门一带,为何在西湖居留多年却没有留下些许与杭州西湖相关的点墨,夏承焘在提到这件事的时候,曾用"过眼西湖无一句,易安心事岳王知"这样的诗句来说明。清照亭内有一碑刻置于屏风上,碑刻内容为李清照的词:"寻寻觅觅,冷冷清清,凄凄惨惨戚戚。乍暖还寒时候,最难将息。三杯两盏淡酒,怎敌他、晚来风急!雁过也,正伤心,却是旧时相识。满地黄花堆积,憔悴损,如今有谁堪摘?守着窗儿,独自怎生得黑!梧桐更兼细雨,到黄昏、点点滴滴。这次第,怎一个愁字了得!易安居士声声慢。"

夕影亭

夕影亭位于杭州南山路长桥公园临湖处、双投桥畔,为一座八柱重檐攒尖顶亭,亭柱间设坐栏。

亭匾"夕影亭"三字是集晋代王羲之字,其两侧楹联内容为:"金刹重新辉夕照;斜阳一抹影雷峰。"联中暗合了"夕影"亭名和"雷峰夕照"景名。夕影亭和雷峰塔都是在2002年西湖南线整治工程中

夕影亭

复建的景观，互为映衬。夕影亭是名副其实的观赏夕阳的极佳处，其景象被很多媒介采用，成为经典的西湖风景照。

湖中三岛

"三潭印月"御碑亭

"三潭印月"御碑亭位于杭州西湖三岛中的小瀛洲,为一座六石柱攒尖顶亭,亭柱间设长条石凳。亭内立御碑,此亭为御碑保护亭。亭居九曲桥南北通道中,为行人必经之地。

亭无匾,亭柱上刻有两副楹联,行书的那副内容为"明月自来去;空潭无古今",由王成瑞撰,唐云书;篆书的那副内容为"潭月澄心印;湖光豁性灵",由秦萼生撰书。亭内立有"三潭印月"御碑,为清康熙三十八年(1699),康熙皇帝巡游江南,在饱览西子湖美景之后,御题"三潭印月",并刻碑建亭。现碑为重刻碑。

御碑亭所在的小瀛洲通常被人们称作"三潭印月",为西湖十景之一。《西湖志》卷三云:"旧名月光映潭,分塔为三,故有'三潭印月'之目。"它与湖心亭、阮公墩鼎足而立合称为湖中三岛,犹如我国古代传说中的蓬莱三岛,故有"小瀛洲"之称,它也是三岛中面积最大、景观最丰富、知名度最高的一座岛屿,被誉为"西湖第一胜境"和"江南水上庭院艺术的代表作",在北宋时就已成为湖上赏月之佳处,"三潭印月"景色也成为人民币一元纸币背面之图案。小瀛洲岛上有迎翠轩、花鸟厅、闲放台、开网亭、亭亭亭、卍字亭、我心相印亭等建筑,曲桥雅致,步移景异,可领略到"湖中有岛,岛中有湖"的水上美景。

我心相印亭

我心相印亭位于杭州西湖三潭印月景区西南端临湖处,面对三石塔，为一座十二柱歇山顶矩形亭，是由主亭和两侧的副亭构成的组合亭，亭内有一粉墙，墙上有一圆形门洞和二扇牖窗，可谓借景发挥极佳之处。

亭匾"我心相印"由徐润芝题书，其两侧楹联内容为"波上平临三塔影；湖中倒浸一轮秋"，由许盛撰，李松书；亭子的左右两侧及其临湖之处另有横匾和楹联，左侧"醒爽诗魂"横匾由戴家妙题书，其两侧楹联内容为"曲岸烟笼，正飞花入户；寒潭影息，仍落月窥窗"，由王其煌撰，宋涛书。右侧"倚红枕碧"横匾由柳河题书，其两侧楹联内容为"欲睹一轮潭底白；正移三岛海中清"，由王漱居撰书。亭临湖处的楹联内容为"山光静对烟波际；塔影清涵水月间"，由程光甫撰，周而复书。

我心相印亭为"三潭印月"景观的最佳观赏点，此亭始建于康熙年间，雍正五年（1727）重修，原为一明两暗三开间长方形亭子，1959年扩建亭前平台，添设左右两半亭，使之有开有合，虚实相生。"我心相印"取自佛教禅语"不须言，彼此意会"之义，意即人与景的相互融合，很好地诠释了"天人合一"的思想。1989年，曾以此亭及三石塔模型赠送日本岐阜市，作为增进中日友谊之礼品。

四敞亭

四敞亭位于杭州西湖三潭印月景区中部，为一座四石柱歇山顶方亭。

四敞亭始建于清代，位于全岛"田"字形格局的中心点的十字路口，四面畅通。大多数的亭以匾额命名，而此亭是因其形制而被人称作"四敞亭"。

四敞亭

亭匾和楹联各有四，这在西湖景区中也属罕见，它们分别悬挂于东、南、西、北四个方位：亭匾"东朗"由骆恒光题书，在此远眺东面的杭城，有轩朗高旷之感，其两侧的楹联内容为"亭与湖心相掩映；月从波面鉴空明"，由许盛撰，董正贺书；亭匾"南舒"由鲍贤伦题书，由此南望，山舒水缓，其两侧的楹联内容为"潭月澄心印；湖光豁性灵"，由秦萼生撰，刘江书；亭匾"西清"由俞建华题书，山色湖光，清朗秀美之景尽收眼底，其两侧的楹联内容为"四面荷花三面柳；一城山色半城湖"，由陈承鋆撰，朱昆明书；亭匾"北畅"由杨福春题书，皓月当空之夜，三潭月影让人产生空灵畅和之感，其两侧的楹联内容为"三面湖光，四围山色；一帘松翠，十里荷香"，由张沄卿撰，孙盛年书。

卍字亭

卍字亭位于杭州西湖三潭印月景区中部，近四敞亭，其形制为"卍"字形，置挂落和花格栏杆。

亭有四匾，它们分别悬挂于东、南、西、北四个方位——"春和""夏凉""秋爽""冬净"。无楹联。

卍字亭

卍字亭始建于清光绪年间，毁于1958年的台风，2005年按照原形制和工艺于原址复建，因其外观为"卍"字形而得名，寓"四海承平、天下太平"之意。

亭亭亭

亭亭亭位于杭州西湖三潭印月景区九曲桥东侧,为一座四柱攒尖小方桥亭。临湖两侧以封闭式石栏围挡。

亭匾"亭亭亭"悬挂于亭内,由沈鹏题书,亭名取明代聂大年诗"纤云扫迹浪花收,塔影亭亭引碧流"之句,其两侧楹联内容为"两岸凉生菰叶雨;一亭香透藕花风",由清代名臣彭玉麟撰,现代书法家张继书。

此亭始建于清光绪年间。其亭名字字相同且书体字字又不同,实属罕见。

开网亭

开网亭位于杭州西湖三潭印月景区九曲桥西侧转角、与亭亭亭相对,为一座三柱攒尖顶木构二角小亭,此种形制的亭在西湖诸亭中为罕见。攒尖顶顶部置一仙鹤,两侧临湖处设坐栏。

开网亭

亭匾"开网亭"由钱松嵒题书,其两侧抱柱楹联内容为"一檐虚待山光补;片席平分潭影清",由罗桀撰,王遐举书。联中"一檐"指开网亭。

开网亭始建于清雍正五年(1727),由时任浙江总督李卫督建,面积近 6.25 平方米。亭子的西北、西南两面临水,东面敞开与桥面道路相通,与佛经中所说的"网开一面、放生而去"的意境相合;又因亭前的一片水域过去曾作为放生池,故名"开网亭"。它与亭亭亭都筑建在九曲桥上,一东一西相呼应。

振鹭亭

振鹭亭位于杭州西湖湖心亭岛西端，一座由两个六柱攒尖顶亭套接而成的十柱木构亭。亭置挂落，柱间设坐栏。

嘉靖年间，杭州知府孙孟在湖心亭岛内的湖心寺遗迹上建一亭，名为"振鹭亭"，亭屡毁屡建。如今的"振鹭亭"沿用了明代湖心亭岛内建筑的名称，临湖而建，和苏堤隔湖相望。

亭匾"振鹭亭"集乾隆字，其两侧楹联内容为"遗世独立；在水中央"，由陈小豪撰，吴进贤书。此联上联出自苏东坡的《前赤壁赋》"飘飘乎如遗世独立，羽化而登仙"，下联出自《诗经·秦风·蒹葭》"溯洄从之，道阻且长。溯游从之，宛在水中央"。在杭州西湖龙井龙泓涧附近的溪边也有一座同名的"振鹭亭"，详见本书《龙井一带》章节。

忆芸亭

忆芸亭位于杭州西湖阮公墩岛东北部，为一座六柱圆笠形攒尖顶木亭，亭柱间设长条木凳。杉树皮盖顶，颇具野趣。

亭匾"忆芸亭"由朱关田题书，两侧悬挂阮元撰题楹联："胜地重新在红藕花中绿杨阴里；清游自昔看长天一色朗月当空。"

此亭建于1981年，亭名"忆芸"是为纪念阮元疏浚西湖的功绩。阮元（1764—1849），字伯元，号芸台，江苏仪征人，清代著名学者。在浙江历任学政、巡抚，陆续为官九年，办书院、设书藏、浚西湖，当地百姓因而将他疏浚西湖、用葑泥堆筑而成的湖中小岛命名为"阮公墩"，"阮公墩"也是湖中三岛中形成最晚、面积最小的岛屿。在吴山还建有"阮公祠"，以纪念这位对杭州的文化建设和西湖治理作出重大贡献的先人。

孤山及周边

文亭和武亭

文亭和武亭位于杭州孤山南麓中山公园内、石刻"孤山"二字的左右两侧。

东侧的三重檐六角亭为文亭，三边设矮栏门，另三边设长条石凳，亭内设有石桌和石凳，六面塔形亭顶；西侧的亭子形制较为特殊，为宝塔顶式方亭，四面皆有石壁斗门，俗称武亭。两亭均置于三级台阶平台上，为石亭，因两座亭子的顶部造型酷似古代文武大臣的官帽，故有文亭、武亭的俗称。

文亭的六根亭柱上有三副楹联，皆为集句，佚名书，楹联内容分

文亭

武亭

别为："己溺己饥，恩周浙境；尔炽尔寿，辉映湖山""救灾布金，出水火而登衽席；纪功勒石，立碑塔以壮湖山""昊天不佣，载胥及溺；将伯助予，永矢弗谖"。此亭毁于1988年8月8日台风，日本静冈县中日友好协会得知西湖风灾后，特捐资抗灾，以表达日本人民的友好情谊。1991年4月杭州市园文局按原样重建此亭。

武亭四面门楣上均有题字：东面为黎元洪的"仁风扇越"，南面为卢永祥的"无疆之生"，西面是张载阳的"众善流芳"，北面是"功德崇隆"，落款个别字迹已模糊不清，有"华洋义赈会平阴何丰林中华民国十三年三月"等内容。

文亭、武亭两亭由"中国华洋义赈救灾总会"（简称"华洋义赈会"）于民国十三年（1924）建造，是为纪念于1920—1923年间华洋义赈会等组织积极募捐赈灾自救的功德而建。华洋义赈会是民国时期最大的民间慈善组织，影响巨大，孙中山、黎元洪、袁世凯、段祺瑞、宋教仁、黄兴、蔡元培等社会各界名流纷纷为其书名，于1949年9月1日解散。

两亭所处的孤山是西湖中最大的岛屿，面积20公顷，山高38米，是西湖文物荟萃之地，其景色早在唐宋已闻名遐迩。唐诗人白居易有"孤山寺北贾亭西，水面初平云脚低"，元末明初凌云翰有"冻木晨闻尾毕浦，孤山景好胜披图"的佳句，更有宋代隐居诗人林和靖墓，流传着"梅妻鹤子"之说，是文人雅士所向往之地。

西湖天下景亭

西湖天下景亭位于杭州孤山南麓中山公园内东北角、被乾隆题为行宫八景之一的"贮月泉"旁，为一座四柱单檐歇山顶木构方亭。亭置于台基上，四翘角设花格式坐凳。

亭匾"西湖天下景"取自苏轼《怀西湖寄晁美叔同年》诗中"西

湖天下景，游者无愚贤。深浅随所得，谁能识其全"句，由黄文中题书，跋款为"康南海题西湖联，有如此园林，四海游遍，未尝见之语。弥觉坡仙此句可珍也"。落款是"二十三年春"；其两侧楹联内容为"水水山山处处明明秀秀；晴晴雨雨时时好好奇奇"，亦为黄文中撰书。此联既是"叠字联"，又是"回文联"，只用几个字就道出了西湖四时之景色。

西湖天下景亭

　　西湖天下景亭所处之地为南宋时御苑一角，清代又为行宫御花园后苑，辛亥革命后并入中山公园内。十九世纪六十年代初清军与太平军在此发生战争，孤山行宫建筑基本化为灰烬，而西湖天下景这一处角落却神奇地保留下来，成为御花园惟一幸存的部分。西湖天下景前面是"贮月泉"，为乾隆皇帝御题的"行宫八景"之一。此处原有泉出崖间，一泓曲池，水月清光，相互映发，故乾隆题曰"贮月泉"。隔墙之南为文澜阁。

万菊亭

　　万菊亭位于杭州孤山南麓中山公园内，为一座组合式歇山顶木构亭，亭柱间设坐栏。亭外四面青石板地坪，沿台基设置青石栏板。与西湖天下景亭上下呼应，互为对景。

　　亭匾"万菊亭"由张伯驹题书，无楹联。

　　此亭建于1933年，是为纪念种菊名家张又莱先生。张又莱是一位退役海军中将，曾留学日本，爱菊成癖，退休后购置杭州上城区横紫城巷房屋，并以"万菊园"名其居所。后又在湖墅购地为圃，种桃养菊，广收菊种，着力培养菊花。1928年秋，在其居所及附近的钱王祠举办了杭州市第一次菊展，展出菊花品种达1100余种之多，盛况空前，1933年，张又莱先生去世，其弟张衡先生将其所存菊种及照片、图片和有关资料悉数捐献给杭州市政府。从此，菊花佳种开始普及。杭州市政府为纪念张氏兄弟的热心之举及对杭州菊史的贡献，在孤山建"万菊亭"，并在亭旁树碑记载这段史实以志表彰。原碑石已损毁，现碑是在2007年西湖孤山整治工程中重立，以彰缘由。

四照亭

四照亭位于杭州孤山山顶中部，为一座十二柱单檐攒尖顶木构方亭。此亭体量较大，覆琉璃瓦，寓意福、寿、康、宁的木雕和女墙围栏等显示了它的别致之处。

亭匾"四照亭"由周叔弢题书，亭无楹联。

《西湖志》记载：此亭始建于清雍正七年（1729），浙江都督李卫主其事。清康熙十年（1671），曾御题"云峰四照"纪胜，故以"四照"名亭。抗日战争杭州沦陷时，敌伪当局曾易亭名为"双照"。1956年台风毁亭，当年以原样重建。清代张仁美《西湖纪游》中对此亭有这样的描述："山顶高筑一亭，立云峰四照之碣庭中，奇石森秀，乔木苍郁。又有垂钓矶，嶙峋峭崿，跨以飞梁，布置玲珑，莫可名状，至于此叹观止矣。"可见四照亭当年周围景致。

团结亭

团结亭位于杭州孤山山顶、四照亭的西侧，为一座六柱平顶圆形钢砼结构亭，具西式风格，其形制于西湖诸亭中罕见。

此亭建于1927年，为纪念辛亥革命领袖孙中山开辟中山公园时所建。

团结亭所处的中山公园原为清行宫遗址，辛亥革命后部分损毁，地方当局将行宫剩下的御花园部分辟为公园并向公众开放。民国十六年（1927）为纪念孙中山逝世两周年，命名公园为"中山公园"，团结亭建于此时。

团结亭

范公亭

范公亭位于杭州孤山东麓半坡上，为一座四方柱歇山顶亭，亭后方两柱间设长条坐凳。

亭匾"范公亭"由张继以隶书题书，其两侧刻于亭柱上的楹联内容为"慕子陵和靖之高节；贻百世千秋以美文"，由吴亚卿撰，姜东舒书。此联提及的东汉处士严光和北宋处士林逋都是范仲淹仰慕和推崇之人。

范公亭建于 2005 年，为纪念范仲淹对杭州所做的重要贡献而建，也是杭州第一个纪念范仲淹的景点。范仲淹（989—1052），字希文，苏州吴县（今苏州市）人。北宋杰出的思想家、政治家、文学家。范仲淹曾任杭州知府近两年，刚上任便遇上大灾，范仲淹以"斗价一百，民赖以生"化解了谷价飞涨的困境。皇祐二年（1050），江浙再遭大灾，范仲淹采取看似荒诞的"荒政三策"创造各种就业机会……其治理的智慧、所产生的效用，丝毫不亚于白居易、苏东坡。

放鹤亭

放鹤亭位于杭州孤山北麓临里湖处，为一座十六柱重檐歇山顶方亭。此亭双重飞檐、碧瓦翘角，雕饰精美。

亭匾"放鹤亭"集民国时期书法家杨学洛先生字。亭柱上有四副楹联，前柱楹联为"世无遗草真能隐；山有名花转不孤"，由林则徐撰，林散之书；中柱楹联"山孤自爱人高洁；梅老惟知鹤往还"，由黄文中撰书；东柱楹联

放鹤亭

"梅花已老亭空鹤；处士长留山不孤"，由范松上撰，陈叔亮书；西柱楹联"华表千年，遗蜕可闻玄鹤语；孤山一角，暗香先返玉梅魂"，由吴棣华撰，吴丈蜀书。

放鹤亭所在之地曾是北宋诗人林逋隐居孤山、植梅养鹤之所。林逋死后，宋仁宗赵祯赐予他"和靖先生"这一谥号。为纪念这位隐者诗人，元代郡人陈子安建"放鹤亭"于孤山北麓。《西湖游览志》卷二记载："……至元间，儒学提举余谦既葺处士之墓，复植梅数百本于山，构梅亭于其下。郡人陈子安以处士无家，妻梅而子鹤，不可偏举，乃持一鹤放之孤山，构鹤亭以配之。并废。"明嘉靖年间钱塘令王钰重建，名为"放鹤亭"，后亦废。清康熙十二年（1673），浙江巡抚范承谟在旧址上建亭，名为"林君复放鹤处"。康熙三十八年（1699），康熙南巡至此，改题"放鹤亭"额，并临摹《舞鹤赋》，勒石孤山，并建亭其上。

如今的放鹤亭为1915年重建，康熙所书亭额已不存，但亭内《舞鹤赋》刻石尚在。石刻内容为南朝文学家鲍照所撰，明代书法家董其昌书，清康熙临摹。文章生动地描绘了鹤优雅出众、美丽动人的形象

和能歌善舞的天赋。此刻石于 1986 年 4 月被公布为杭州市市级文物保护单位。

净因亭

　　净因亭位于杭州孤山东、放鹤亭南，为一座四柱攒尖顶木构亭，四角设坐凳。

　　亭匾"净因亭"由王永民书，其两侧抱柱楹联内容为"孤屿照栖霞，疏影暗香留处士；绝艺渡东海，妻梅子鹤得传人"，由施奠东撰书。联中"疏影暗香"出自宋代隐士林逋七律《山园小梅》："众芳摇落独暄妍，占尽风情向小园。疏影横斜水清浅，暗香浮动月黄昏。霜禽欲下先偷眼，粉蝶如知合断魂。幸有微吟可相狎，不须檀板共金尊。""妻梅子鹤"指林逋。

　　此亭建于二十世纪八十年代，正逢中日友好黄金时代，为纪念林净因而建。林净因，元朝人，传为林逋后裔，于 1349 年跟随在中原地区结识的日本友人前往日本，并将中国的馒头发酵技术带到了日本，受到当地民众的喜爱，广为传播，被日本人视作馒头祖师，对日本的饮食发展做出了巨大的贡献。1359 年，林净因因怀乡而孤身返回故土。

中山纪念亭

　　中山纪念亭位于杭州孤山北麓西侧、名为"伫立"的雕塑附近，为一座复式立柱型、圆形重檐攒尖顶钢砼结构亭。

　　亭无匾，无楹联。

　　此亭采用西方文艺复兴时期的建筑形式，平面呈圆形。上层系小圆亭，有六根中式方柱，其顶为西式叠层圆顶；下层为欧式穹窿顶，外观则为中国屋顶的人字形檐冠，十二根罗马式亭柱立于圆弧矮墙上，两柱为一组，共六组仿爱奥尼柱式双柱，其形制较为独特，在西湖诸亭中较为罕见。

中山纪念亭建于民国十六年（1927），孙中山先生逝世二周年之际，杭州社会各界举行隆重的纪念活动，当时的杭州市政府在此次纪念活动中将孤山公园正式改名为"中山公园"，此亭为当年所建，亭名也因此而就。民国十八年（1929）3月12日，杭州市政府各机关又在亭畔营造以落叶阔叶林为主的"中山纪念林"。孙中山先生曾数次来杭考察，发表演说，宣传三民主义、《五权宪法》、建国方略，这些赋予此亭较高的历史价值和人文价值。此亭于2004年5月被公布为杭州市第一批历史建筑。

中山纪念亭

云亭

云亭位于杭州孤山北侧临水处，为一座六柱攒尖顶石亭。石亭结构通透、简朴。

亭无匾，在其六根方形石柱上分别以楷书、隶书、行书、篆书等书体刻有多副旧时文人撰写的楹联。"无怀葛天以上；美人名士之间"和"斯世竟何之，幸得傍孤屿寒梅、岳坟忠柏；此心无所恋，

云亭

却未舍钱江夜月、珠海乡云",为许炳璈撰书。"十亩苍烟秋放鹤；一亭香雪夜横琴"和"千年老鹤三生石；万树寒梅四照亭",为崔永安撰书。"青山有例归高士；素月对人如古禅"和"此地擅湖山之胜；其人与梅鹤有缘",为陈辅臣撰书。"有客梦中来,为说二百年因果；待君天上去,更栽三万树梅花",为张其淦撰书。

云亭建造于1920年,建造者为清末民初岭南诗人、书法家许炳璈。许炳璈,字奏云,祖籍钱塘,曾任江苏知县,工书法,其父许应鑅曾出任浙江布政使、护理浙江巡抚等职。是许广平的叔叔。许炳璈偏爱西湖,有《西湖百绝》传世,还在西湖边购地皮建生圹,并在旁修筑一石亭（即云亭）,作为生圹的标识,只是许炳璈最终未能葬身于此。如今,生圹已不存,唯云亭依旧,石柱上的刻石楹联为许炳璈的朋友们在云亭建成之初的品题之作。

云亭除了在园林布局上起到点睛之妙用,其全石的用材、特殊的形制、石柱上多种书体的楹联以及主人许炳璈与西泠印社及其社长、康有为等名家的交往史使得云亭独具价值,于2015年9月被列入杭州市文物保护点名录。

海霞西爽亭

海霞西爽亭位于杭州孤山西侧、俞楼北面的山坡上,为一座六柱攒尖顶木构亭。亭置挂落,亭柱间设坐栏。

亭无匾,无楹联。

孤山之西,原有"海霞西爽"一景,为清代西湖十八景之一。清雍正《西湖志》卷四有记载："圣因寺之右接孤山,西麓有高阜如平台,其下为宋时西太乙宫故址,上有挹翠堂、望海阁,今皆无考。雍正八年,总督臣李卫构亭其上,颜曰'西爽'。盖孤山在西湖之西,而亭又在孤山之西,昔人谓西山朝来,致有爽气,当于斯亭得之。"从中可知"西爽亭"名称的由来。此亭后毁于兵火，于清光绪五年（1879）重建，如今的"西爽亭"建于2002年。

六一泉亭

六一泉亭位于杭州孤山南麓、俞楼左后侧山脚下，为一座依山而建的四柱攒尖顶傍山半亭，出露四翘角，亭前有一池塘，临池塘一侧设镂空花墙式护栏。

亭匾"六一泉"集苏东坡字，无楹联。

六一泉亭

据《西湖志》记载，北宋熙宁四年（1071）苏轼任杭州通判，经恩师欧阳修介绍与僧人惠勤相识结为诗友。北宋元祐四年（1089）苏轼再次到杭州任职，此时惠勤与恩师欧阳修均已辞世，当惠勤弟子二仲，画欧阳修及惠勤之像于孤山寺院内祭拜之时，堂下涌出一泓泉水，因和惠勤都十分崇敬欧阳修，于是苏轼以欧阳修别号"六一居士"命名此泉为"六一泉"，并为此作《六一泉铭》，惠勤的弟子们又建一亭以保护《六一泉铭》，此为今"六一泉亭"前身。

"平湖秋月"御碑亭

"平湖秋月"御碑亭位于杭州白堤西端平湖秋月景点处，为一座四柱攒尖顶木构方亭。

亭无匾，有楹联一副"佳景四时，最好秋光何况月；静观万物，欲平天下有如湖"，由陶镛撰，言恭达书。"平湖秋月"景名已自然植入联中。

据记载，此亭始建于清康熙三十八年（1699）。亭内立有"平湖秋月"景名御碑，以木栏围护。原碑为清康熙三十八年康熙帝巡游西湖品题"西湖十景"时御书，并于1702年勒石而立；乾隆十六年（1751），乾隆帝巡游西湖后，又在"平湖秋月"御碑上题诗。可惜，原碑已毁。现碑为二十世纪七十年代初按原碑尺寸、字迹摹刻重立。亭右前有御书楼，西湖十景中有碑亭与御书楼旧制的，如今仅此处尚存。

平湖秋月是"西湖十景"之一，它位于孤山东南角的滨湖地带、白堤的西端南侧，是自湖北岸临湖观赏西湖水域全景的最佳地点之一，更以秋夜赏月为胜。整个"平湖秋月"景观由始建于清代康熙乾隆年间的水院空间、御书楼、碑亭、观景平台、曲桥、碑刻等构成，完整保存了康乾钦定西湖十景时"一碑、一亭、一楼、一院"的格局。

月波亭

月波亭位于杭州"平湖秋月"景点御书楼西曲桥头临湖处，为一座十柱歇山顶木构亭，亭置挂落，亭柱间设坐栏。

亭匾"月波亭"由曾翔题书，其两侧有抱柱楹联内容为"欲把西湖比西子；更邀明月说明年"，由石治棠集句，宋涛书。此楹联上下联皆出自苏东坡诗，上联出自《饮湖上初晴后雨二首》之二，下联出自《和鲁人孔周翰题诗二首》之二。

据记载，月波亭始建于清康熙三十八年（1699），后因战乱被毁，如今的月波亭是二十世纪八十年代按照清代的风格建造的，有高挺显眼的屋脊、精致的枋、方形牛腿，且有精致的木雕。亭一半延伸至湖面，为观景佳处。

位于灵隐白乐桥59号也有一"月波亭"，此亭横跨金沙涧支流一石桥上，详情参见本书《灵隐路及灵隐景区》章节。

逸云寄庐观景亭

逸云寄庐观景亭位于杭州孤山路与白堤交界处的历史建筑"逸云寄庐"院落内、临湖处,为一座四石柱攒尖顶亭,亭内临湖两侧设坐栏。

亭无匾,无楹联。石亭所处的"逸云寄庐"是一处一类保护的历史建筑,它初建于1927年,原业主为唐宝泰。二十世纪三十年代,著名学者、国立浙江大学校长蒋梦麟在此居住,那段时间学者、教授常常聚会于此。民国三十年(1941)房产转卖给上海大亨李云龙。1953年被政府接管用作干部宿舍。二十世纪八十年代,辟为浙江省老年大学校舍,也称"明鉴楼"。现为浙江省老干部美术家协会用房。建筑基本保持了原始的建筑风貌,飞檐翘角,挂落牛腿,水磨石地坪,多种柱头装饰……是民国时期中西合璧式花园别墅的代表之一。

仰贤亭

仰贤亭位于杭州西泠印社半山腰、"山川雨露"图书室的东侧,为明代古迹,重建于清光绪三十一年(1905)春西泠印社初创时。名为亭,其实是个相对封闭的建筑。

仰贤亭

亭匾有三,皆为"仰贤亭",承袭明代天顺间胡郡守所题"仰贤亭"之旧名。正面圆门之上的匾额为赵朴初题书,东侧匾额由王个簃题书,南墙外匾额由沙孟海题书,他们曾任西泠印社社长或副社长。亭东门有楹联一副"先生扇莲社清风,刻画六书负鸿博;胜地是桃溪深处,渊源一派溯龙泓",由金鉴撰书。亭内南墙也有一副百余字的长联,其内容为"诵印人传记,如龙泓之雄浑、鹤田之渊懿、完白之清奇,自子行铁笔后各具丰裁,固不囿两浙专家,集同好讨论一堂,洵能绍秦汉先型、斯冰遗法;考西湖志乘,若君复作水亭、嗣杲作书楼、东坡作石室,于乐天竹阁侧别开幽胜,更卜筑数椽精舍,继往哲重联八社,允足助林泉逸兴、唐宋风流",由丁立中撰,楼卓立书。

亭内有浙派创始人丁敬身画像碑嵌于壁间以供后人瞻仰,这块碑由清代画家扬州八怪之一的罗聘所画,吴隐摹刻。左后亭壁还嵌有印社于1914年集刻的二十八印人画像碑。亭正中有一石圆桌和一石凳。石桌上刻有篆书铭文:"龙泓印学开南宗,一灯相续传无穷,二篆八分校异同,和神如坐春风中。宣统二年七月,西泠印社丁仁铭,王寿祺篆,叶铭监造,吴隐刻石。"其实,西泠印社创立之初,国内有许多类似的社团,它们的社会影响力较高,只是时至今日,那些社团都已成历史,而西泠印社却在中国近现代的百余年里,始终一脉相承,延绵至今。

石交亭

石交亭位于杭州西泠印社半山腰、"山川雨露"图书馆前,为一座六柱攒尖顶木构亭,铁皮顶覆以茅草,其中三面亭柱间设围栏。亭内置石桌和石鼓凳。

亭匾"石交亭"由印社社员赖少其题,亭名寓意"结交金石"。杭人王毓岱的《石交亭记》中的"所谓印人者,皆

石交亭

石交也。琢之，磨之，攻之，错之"也许对"石交"作出了较好的诠释。亭无楹联。

石交亭始建于民国元年（1912），为印社初创时期建筑，由西泠印社创始人之一叶为铭倡议构建，历经多次修建，如今的石交亭在1983年重建。

叶为铭（1867—1948），又名叶铭，字品三、盘新，号叶舟，徽州新安人，寄籍杭州，为西泠印社创始人之一。博学多识，善刻石、拓碑，精金石考据。著有《七十回忆录》、《歙县金石志》14卷、《叶舟笔记》8册，辑有《广印人传》《再续印人小传》《二金蝶堂印谱》《铁华庵印集》《逸园印辑》《遁庵遗迹》《松石庐印汇》等，并编辑《西泠印社三十周年纪念刊》。

剔藓亭

剔藓亭位于杭州西泠印社半山腰、四照阁西侧，为一座六柱攒尖顶木构亭。亭顶覆以茅草，亭柱间设围栏，一面通向泉池平台。亭内置石桌、石凳。

亭无匾，无楹联。亭名"剔藓"出自唐代韩愈《石鼓歌》中的"剜苔剔藓露节角"之句，意思是只有将蒙在石碑上的苔藓剔除干净方能显现石碑上的文字，寓意形象。

据文献记载，此亭始建于民国四年（1915），原在文泉西，后迁至此。

缶亭

缶亭位于杭州西泠印社半山腰小龙洞南，锦带桥后的石壁上。名为亭，实为一石龛，龛内置奉吴昌硕像，因其独特的凿龛为亭的手法，故收录于此书中。

龛外正上方岩壁处凿有"缶亭"二字，由清末民国时期上海著名书画家、实业家、杰出慈善家、社会活动家与宗教界名士王一亭题。龛外两侧刻有楹联一副,内容为"金仙阅世;石室遁形",也由王一亭题,高度赞誉了吴昌硕不慕功名利禄、退隐潜修金石书画的精神。龛下岩壁处刻有朱孝臧书《缶庐上寿记并诗》。

缶亭

据《西泠印社志稿》记载,亭内所奉吴昌硕先生铜像为日本人朝仓文夫于1921年铸造,并凿龛于闲泉上峭壁。朝仓文夫是日本著名雕塑家,非常仰慕吴昌硕的艺术成就。亭名"缶亭",是因吴昌硕号"缶庐"。铜像毁于1966年,之后缶亭被空置了十余年,如今龛内的吴昌硕先生坐像为雕塑家周广明于1978年创作。

附《缶庐上寿记并诗》全文:

吴丈缶庐,行年八十,而有孺子之慕。近岁再来杭,为亡亲修佛功德。跽拜无倦容,见者异焉。诸宗元曰:耋而笃孝其寿征也。西泠印社迎度丈之铜像,辟石作龛,时将毕工,丈乃策杖来游,躬为营度。故人既将置酒高会,以为丈寿。宗元遂为文记之,櫽括本事,播为歌诗,端书深刻,用示后来。是岁壬戌,丈之春秋七十有九也。诗七言十二韵:金石不朽同其竖,晚隐于聋为天全。以书通篆诗通禅,世竞避席推为先。翁自不托印人传,时许抗手龙泓前。藏象在龛翁辗然,岂独貌似神自完。斜簪散发看华颠,有子骈侍孙随肩。此乐能令翁少年,我诗请为歌当筵。会为于壬戌三月十八日,同集者五十余人。

鉴亭

鉴亭位于杭州西泠印社循庵西侧下方,为一座四石柱硬山顶石头结构矩形亭。亭依塥而立，后两柱配有矮栏，亭内就塥叠石，嵌碑其上，碑上勒《鉴亭记》。

亭匾"鉴亭"由朱祖谋书，前柱内侧镌刻有楹联一副"乐石吉金以为鉴；苍官青士伴斯亭"，为西泠印社创始人之一叶为铭以隶书题，为嵌字联，上、下联末嵌入"鉴""亭"二字。亭内另有一副楹联"揽景鉴湖同，鸥鹭尽堪寻旧侣；成仁泰山重，松筠犹自仰清风"，由吴隐撰，吴昌硕书。

鉴亭建于1919年，为"创社四君子"之一的吴隐重孙吴善庆捐资建立。吴善庆之父字"鉴亭"，为纪念其父，故以其父字命名，并撰《鉴亭记》。

趣亭

趣亭位于杭州孤山路25号浙江博物馆孤山馆区文澜阁院内、御书房前的太湖石假山上，为一座四柱攒尖顶木构亭，亭柱间设坐栏。

亭无匾，无楹联。

趣亭所处的文澜阁为全国重点文物保护单位，它建于乾隆四十八年（1783），是清代为藏《四库全书》而建的七大藏书阁之一。其址原为清代康熙行宫，清雍正五年（1727）改建为圣因寺，文澜阁即由圣因寺旁原藏《古今图书集成》之藏书堂改建而成。清咸丰十一年（1861），太平军攻入杭州时，文澜阁遭焚毁，部分藏书散失，后经邑人丁氏兄弟多方索寻，收回大半。清光绪六年（1880），浙江巡抚谭钟麟与杭州藏书家丁丙商议重建，次年按原样修复文澜阁。清宣统三年（1911），文澜阁及其藏书由浙江图书馆接收保管。民国元年（1912）夏，位于文澜阁西侧的孤山路馆舍落成，将阁书移藏馆中，自此阁与书分。现七大藏书阁中仅存三阁，江南三阁中仅剩文澜阁及所藏《四库全书》存世。

文澜阁清乾隆御碑亭

文澜阁清乾隆御碑亭位于杭州孤山路 25 号浙江省博物馆孤山馆区内、文澜阁东南侧,为一座十二柱重檐歇山顶木构亭,上盖琉璃瓦,檐脊多处以龙首装饰,亭柱间设矮围栏。

文澜阁清乾隆御碑亭

亭无匾,无楹联,为御碑保护亭。亭正中有一碑石,设木栏围护。碑石阳面起始刻有"高宗纯皇帝御制题文澜阁",落款为"头品顶戴兵部尚书浙江巡抚臣谭钟麟恭录",中间刻有乾隆皇帝题诗;阴面起始刻有"乾隆四十七年七月初八日内阁奉",落款为"光绪七年六月吉日兵部尚书浙江巡抚臣谭钟麟恭录",中间为颁发四库全书上谕的内容记载。

文澜阁清光绪御碑亭

文澜阁清光绪御碑亭位于杭州孤山路 25 号浙江省博物馆孤山馆区内文澜阁主楼东侧,为一座四柱攒尖顶小方亭,亭柱间设矮围栏。

亭无匾,无楹联,为御碑保护亭。亭正中有一碑石,阳面左侧刻有光绪帝御题"文澜阁"三字,右侧附满文;碑石阴面起始刻有"光绪七年十月十六日内阁奉",落款为"兵部尚书升任陕甘总督前浙江巡抚臣谭钟麟恭录,布政司衔前江苏按察使臣应实时,国子监典籍衔候选训导臣邹在寅敬谨勒石",中间内容为谭钟麟调任浙江巡抚加兵部尚书衔时,奏请颁发匾额事宜。

北山街一带

"断桥残雪"御碑亭

"断桥残雪"御碑亭位于杭州白堤东端断桥临湖处,为一座六柱攒尖顶木亭,柱间以围栏相连。

亭无匾,无楹联,为御碑保护亭。亭内立有"断桥残雪"景名御碑。《西湖志》卷三记载:"断桥残雪碑亭,在断桥北。"宋陈清波有《断桥残雪图》,康熙三十八年(1699),圣祖仁皇帝御书为西湖十景之一,四十一年由司勒石建亭于此。民国十八年(1929)举办西湖博览会时,因此亭适当大门入口处,曾一度迁移,博览会结束后,仍迁回原址。

断桥残雪为"西湖十景"之一,以冬日赏雪为胜。每当冬季大雪降临,远望白堤,皑皑白雪覆盖如链,渐渐地,因向阳桥面积雪融化后呈现灰褐色桥面恰如断链,于是就有了"雪残桥断"之景色。原碑为清康熙三十八年(1699)康熙帝巡游西湖、品题"西湖十景"时御书,1702年勒石而立。乾隆十六年(1751)乾隆帝巡游西湖,在御碑的阴面又题"想像银塘积素余,湖光山色又何如。近从赵北桥边过,一例风光入翠舆"诗句,可惜原碑毁于"文革",现碑为1977年按原碑尺寸、字迹摹刻重立,已无乾隆帝题诗。

藻思天成亭和云水光中亭

藻思天成亭位于杭州白堤东端断桥临湖处、夹在"断桥残雪"御碑亭与云水光中亭之间,为一座六柱歇山顶方亭,亭柱间设花格式长条坐凳。

亭匾"藻思天成"由沈立新书，其两侧篆体楹联"断桥桥不断；残雪雪未残"，以篆体书。

与此亭紧挨着的就是云水光中亭，为一座十六柱歇山顶亭，柱间设坐栏。

亭匾"云水光中"由王蘧常书，其两侧楹联内容为"九井晴添新水活；两峰浓压宿云低"，由明代聂大年撰，马世晓书。水榭内另有三副楹联，由聂大年撰、骆恒光书的"玉腰蜻蛉垂天阔；金脊楼台夹岸迷"；由高筱梅撰、周志高书的"宿鹭眠凫，惯听钟声催月落；风花雪月，已牵柳色待人来"；由尚佐文撰、刘一闻书的"雪月最相宜，玉水瑶山无染界；风光不可负，绛桃碧柳有情天"。

两亭处在白堤、断桥与北山街之交会临湖之处，视野开阔，是一个休憩、赏景两不误的好地方。

绿水芙蕖亭

绿水芙蕖亭位于杭州北山路镜湖厅附近临湖处，为一座十二柱歇山顶木构亭。亭柱间设坐栏，整体的朱红与绿水相映成趣，与不远处的"撷秀亭"相映衬。

亭匾"绿水芙蕖"为佚名题书，其两侧楹联内容为："一抹斜阳，半堤芳草；几堆竹素，二顷梅花。"此联集龚自珍《湘月》和《人月圆》词句，宋涛书。亭内另有一副篆书楹联，其内容为："葛井当檐，上岭刚逢日初出；孤山隔水，开尊时见鹤飞来。"由张朝墉撰，李早书。

本书"风雨亭"篇中提到为"鉴湖女侠"秋瑾而设的秋社因危房拆除后，便于此处筑"鉴湖厅"，因"鉴""镜"音近义同，故也称"镜湖厅"。镜湖厅景区为杭州市政府于1986年实施环湖绿地动迁工程而建成，绿水芙蕖亭为那时所建。

慕才亭

慕才亭位于杭州西泠桥畔,为一座六柱攒尖顶木石结构亭。相传此亭是为纪念钱塘才女苏小小,依其夙愿,在西泠桥畔筑墓建亭。

亭匾"慕才亭"由姜东舒书,六根四方亭柱上以篆书、隶书、楷书、行书、草书书体刻有十二副楹联,也是西湖诸亭中楹联数量最多的一亭,整理如下:

慕才亭

1. 花须柳眼浑无赖;落絮游丝亦有情。——孙惠集句,沈鹏书

2. 亭前瞻柳色,风情已矣;湖上寄萍踪,雪印依然。——旧联,周慧珺书

3. 且看青冢留千古;漫道红颜本暂时。——黄文中题书

4. 几辈英雄,拜倒石榴裙下;六朝金粉,犹埋抔土垄中。——旧联,王冬龄书

5. 金粉六朝,香车何处;才华一代,青冢犹存。——叶赫际亨题,邱振中书

6. 桃花流水杳然去;油壁香车不再逢。——徐兰修集句,祝遂之书

7. 烟雨锁西泠,剩孤冢残碑,浙水咽余千古憾;琴樽依白社,看明湖翠屿,樱花犹似六朝春。——麓山樵客题,张海书

8. 灯火珠帘,尽有佳人居北里;笙歌画舫,独教芳冢占西泠。——王成瑞题,孙晓云书

9. 湖山此地曾埋玉；花月其人可铸金。——陈曾洛题，马世晓书

10. 花光月影宜相照；玉骨冰肌未始寒。——旧联，何应辉书

11. 千载芳名留古迹；六朝韵事著西泠。——旧联，金新书

12. 十载青衫频吊古；一抔黄土永埋香。——旧联，钟明善书

苏小小的故事家喻户晓，历代文人"题咏殆遍"，为其所撰之名篇佳作亦不可胜数，比如唐时的白居易、温庭筠，明朝的张岱、徐渭，近代的曹聚仁、余秋雨等等。苏小小的墓虽几经损毁，如今所见之墓为 2004 年园林专家孟兆桢根据老照片反复推敲后重建。

风雨亭

风雨亭位于杭州苏堤北端跨虹桥东侧、香格里拉酒店前临湖处，为一座十二柱四方卷棚歇山顶矩形亭，亭柱间设坐栏。

亭匾"风雨亭"由叶圣陶题书，亭名源自秋瑾临刑时绝笔"秋风秋雨愁煞人"句而得，其两侧楹联内容为"丹心应结平权果；碧血常开胜利花"，由冯玉祥撰，俞建华书。临湖后柱也有一楹联，其内容为"巾帼拜英雄，求仁得仁又何怨；亭台悲风雨，虽死不死终自由"，由陶濬宣撰，魏传统书。

亭址原为纪念辛亥革命先驱、鉴湖女侠秋瑾之祠堂——秋社之滨湖前庭，1959 年以危房而拆除，后于其地建亭以志之。此亭与西泠桥南秋瑾雕像遥相呼应。

精忠柏亭

精忠柏亭位于杭州北山街 80 号岳庙内、精忠园入口处。亭依墙而建，为一座六柱四角攒尖顶木构半亭。外露的四根落地木柱为八角形，亭置挂落，带垂花。

亭匾"精忠柏亭"由商向前书，无楹联。

亭内有三级刻石高台基，台上展陈精忠柏（化石）八段，以木栅栏靠墙围合。传说在岳飞遇害的大理寺风波亭旁有棵柏树，自岳飞遇害后，就渐渐枯萎成石，后来就将它们移放在岳坟边上，称为"精忠柏"。

精忠柏亭

木栅栏外、亭檐下还立有一碑石，为吴廷康监刻，李佩琼立石，汪柳溪镌字，人称"精忠柏台图"碑。碑石阳面刻有一枯柏图案，其左上方刻有吴廷康以篆书题书的"精忠柏台图"五字，其右上方也有几行吴廷康题赞的钟鼎文，其右下方为清代彭玉麟题书；碑阴刻有清代俞樾撰书的《精忠柏台记》。

咸丰九年（1859）三月，时任浙江按察使司司狱的吴廷康与钱塘、仁和两县令共筹银三百余两，购下众安桥"岳王初瘗"这块地，准备就地修建岳王墓庙"忠显庙"，可不久太平军入杭，建庙工程暂停。直到同治三年（1864），左宗棠攻复杭州后，下令继续募捐修复众安桥岳飞初瘗处的墓庙，吴廷康又联合杭州缙绅贤达筹措银两，继续建造忠显庙。据李汉魂《岳武穆年谱》记载，忠显庙庙门内为两庑及殿庭，中间立一大铁鼎，上有"老岳庙"三字，因为本地人认定这里是岳王的初葬地，之后才迁葬至栖霞岭。

穗庐四角石方亭（巴金手印亭）

穗庐四角石方亭位于杭州北山路 94 号穗庐内的石阶左侧，为一座四柱歇山顶石方亭。整个亭子由石块、石条、石板、石瓦构筑，无一砖一木，为西湖私家园林所罕见。

亭无匾，朝南亭柱上的楹联内容为："一篇述德溯宗风；七叶衍祥绳祖武。"亭内立有高约1.5米的一大理石方柱，其顶部平面是巴金右手手模；柱体四面皆刻有文字，南面刻有曹禺题字："你是光，你是热，你是二十世纪的良心。"北面刻有巴金的生平介绍，东、西两侧分别刻有巴金的诗句"我的心灵中燃烧着希望之火"和"讲真话，把心交给读者"。

此亭自建亭一直没有亭名，直至2005年浙江省作协的进驻，在

穗庐四角石方亭（巴金手印亭）

亭内设置了巴金手模方柱，并在入口处放置了刻有巴金手书的"江南文学会馆"碑石后，才渐渐有了"巴金手印亭"的俗称。其实巴金一直钟情西湖，他的不少文学作品也是在西湖边创作的。他对西湖的这种特别感情与他的血缘和乡情应该是有关联的。可能很多人认为巴金是四川籍的作家，其实他也算是浙江籍作家，其祖先原籍是浙江嘉兴。巴金对西湖的情愫在其撰写的《西湖》一文中可见一斑："很多人喜欢西湖，但是对于美丽的风景，各人有各人的看法。全国也有不少令人难忘的名胜古迹，我却偏爱西湖。我一九三〇年十月第一次游西湖，可是十岁前我就知道一些关于西湖的事情，在幼小的脑子里有一些神化了的人和事同西湖的风景连在一起……"

穗庐八角石亭

穗庐八角石亭位于杭州北山路94号"穗庐"最高处右侧平台上，

为一座八角重檐攒尖顶木石结构亭。八根亭柱及亭柱间的长条座、美人靠均为石质，柱顶端置有雀替、额枋、平板枋，上置斗栱，顶上覆筒瓦。穗庐不仅是杭州现有少数岭南建筑之一，同时在西湖诸花园别墅中，也是唯一集宅院、祠堂（今不存）、家坟于一体的山地园林建筑。

穗庐八角石亭

亭匾有四，置于亭的东南西北四面，它们分别为"连情发藻""晴岚霁月""风月怡情""俯仰兴怀"。楹联亦有四，分别以篆书、隶书、楷书、行书题书，它们分别为："别饶泉石山林趣；消受东南西北风"，"醉看明月过湖来；只说佳人难常去"，"美竿似影杂风声；十里菱绿守水绸"，"岸树溪烟都入画；莺歌燕语最有情"。八角亭所在的平台，实为观西湖景的最佳处，凭栏远眺，远近景色尽揽眼底，尤其是西里湖和曲院风荷一带的景色。

穗庐八角亭和石方亭所处的穗庐始建于民国十年（1921），于1925年建成，是广东富商鲍柏鳞晚年为礼佛养性而选址建造的院落，别称"鲍庄"。新中国成立后，穗庐成为政府机关人员和家属住房，后归属杭州西湖风景名胜区岳庙管理处管理。2004年，结合北山街历史文化街区保护工程，搬迁了19户住家，对其进行维修和环境整治。2005年，省作协租用穗庐，成了"江南文学会馆"的驻地。现为空置状态。

宝石山及周边

来凤亭

来凤亭位于杭州宝石山顶、保俶塔西侧，为一座六柱攒尖顶木石结构亭，南北两侧亭柱间设长条木凳。

亭无匾，无楹联。

来凤亭位于宝石山顶，亭初建于清雍正九年（1731），由浙江总督李卫主持建造。以其山势有如振翅欲飞之凤凰，建于东峰之保俶塔又宛如凤首，故名"来凤"。亭成当时，清秋木落，风景绝佳，故"宝石凤亭"还被列为增修十八景之一。清诗人厉鹗有《宝石山亭》诗"雕亭高耸缓跻攀，一一峰峦佛髻鬟。更坐落星岩石上，犹言吴越旧封山"，可见当时来凤亭之风貌。1950年后，按照其原来形制有过多次修建。

亭内立有一块刻于1986年的"宝石流霞"景碑，落款为"萧娴年八四"，为已故著名女书法家萧娴书。悠久的建亭历史、别样的景致使得来凤亭不仅为宝石山景增色不少，同时丰富了其人文内涵。

来凤亭所处的宝石山位于西湖之北，初名石姥山，曾称保俶山、古塔山等，钱王封为寿星宝石山。山体由侏罗纪火山凝灰岩构成，因赭红岩石中嵌满

来凤亭

了玛瑙状晶体，每当阳光映照时，熠熠生辉，这既是山名由来，也是新西湖十景"宝石流霞"的出处。山上有保俶塔、来凤亭、寿星石、川正洞、蹬开岭等名胜古迹。

仆夫亭

仆夫亭位于杭州葛岭路 17 号玛瑙寺旧址内，为一座八柱重檐攒尖顶木构亭。亭置牛腿、挂落，亭柱间设坐栏。

亭匾"竹里泉声"由朱昆明以篆书题书，其两侧抱柱楹联内容为："七弦试奏蕤宾铁；一脉相承焦尾桐。"此联为旧联，由赵雁君书。联中"蕤宾铁"和"焦尾桐"皆为古代名琴。

仆夫亭所在的玛瑙寺，原名玛瑙宝胜寺，由五代吴越国王钱镠创建于五代后晋开运三年（946），因旧址在孤山玛瑙坡而得名。宋大中祥符间，法慧禅师智圆重建玛瑙寺，寺内有"仆夫泉"。北宋治平二年（1065），宋英宗赐额"玛瑙宝胜院"。南宋绍兴二十二年（1152），因为孤山兴建御用的四圣延祥观，玛瑙寺被迁往今址。明万历间，改作紫阳书院。清代后，玛瑙寺逐渐衰落、战毁，后屡毁屡建。民国初年，杭州城内诸山长老筹资在玛瑙寺设立佛经刻板印处，玛瑙寺曾一度成为学堂。1926 年至 1927 年，台湾学者连横在此居住、撰书《台湾通史》。1929 年，为拓宽北山街葛岭路，玛瑙寺割舍部分建筑只留大殿。抗日战争期间，杭州市被日军占领，在玛瑙寺建立了一个专门接收难民的战争避难所和

仆夫亭

难民习艺所。1947 年 2 月，私立中正中学创办于此，寺舍更改较大。1958 年，杭州市佛教协会提倡四众僧尼参加国家建设，空余寺院建筑支持社会主义建设需要，玛瑙寺成为民居，整体环境遭到了严重的损坏，所幸清末重修的寺院格局尚存。2004 年，杭州市实施了北山街历史文化街区保护工程，对现有的历史建筑予以维修加固，历史遗迹原状保护，其他参照《清代园林图录·玛瑙寺图》，修复一亭、一阁、廊宇和后山门。2008 年于寺内开辟"连横纪念馆"。

葛岭路亭（又入佳境亭）

葛岭路亭位于杭州玛瑙寺旁，是由葛岭南麓上山后于游步道上遇到的第一座亭，为一座重檐攒尖顶砖木结构封闭式路亭，亭内通道前后设拱形门，左右两侧墙上开牖窗，两檐之间作镂花板处理。

亭匾"又入佳境"由穆鼎宇书，其两侧石刻楹联内容为"神仙事业三生诀；襟带江湖一望中"，由翁绥琪题。

亭西有"黄源故居纪念馆"。黄源（1906—2003），浙江海盐人。年轻时追随鲁迅从事新文化运动，1938 年参加新四军，历任军部文委委员、浙东根据地党委宣传部副部长、行署文教处长、鲁迅学院院长、苏皖边区华中文协主任兼党委书记；1950 年后曾任华东军政委员会文化部副部长兼党组书记、浙江省委宣传部副部长兼省文化局局长、省文联党组书记、浙江省委顾问委员会委员、省文联副主席、省作协主席、

葛岭路亭（又入佳境亭）

中国作协名誉副主席等。葛岭路 13 号是黄源先生生前居住最久的地方，从 1955 年 5 月到浙江工作起，他在这里生活、工作了 45 年。

抱朴庐半山亭

抱朴庐半山亭位于葛岭南坡、葛岭路亭（又入佳境亭）上方、抱朴道院前，为一座四石柱攒尖顶木屋架亭，雕枋花板，斗拱吊顶，设条石座。因其地处葛岭半山腰而有半山亭之名，而非建筑意义上的"半山亭"，此亭又名宝灿亭、喜雨亭、览灿亭。

亭无匾，其四根石柱上刻有六组楹联，其一为"有几两阮公当著；作一半白傅勾留"，由朱锡荣撰书，联中"阮公"指西晋阮孚，引用《世说新语·雅量》"阮孚好屐"典故。其二为"孤隐对邀林处士；半闲坐论宋平章"，由来裕恂撰，高邕之书，联中"林处士"是指北宋诗人林逋，宋平章指南宋权臣贾似道。其三为"明月倒涵鱼港棹；晓霜背听凤林钟"，由来裕恂撰，何维朴书，联中"凤林钟"指原位于葛岭西侧的凤林寺钟声。其四为"江痕斜界东西浙；山色都收里外湖"，由柯怡题，联中"里外湖"是指西湖的外湖和里湖。其五为"台上露擎仙掌白；塔西雨过佛头青"，由来裕恂撰书，联中"台"指山顶初阳台，"塔"指保俶塔，而"佛头青"是指如来头上的头发颜色绀青（稍微带红的黑色）。其六为"蓝桥咫尺神仙路；丹诀流传道士家"，由杨学洛题，联中"蓝桥"出自唐代裴铏《传奇》"蓝桥驿"典故，指神仙居处。据记载，抱朴庐半山亭建于民国四年（1915）。

宝云亭（葛岭六角亭）

宝云亭位于葛岭南坡、抱朴庐半山亭西侧，为一座六柱钢砼结构攒尖顶亭。亭置斗拱和挂落，亭柱间设长条凳。亭柱形状特别，亭柱下方上圆，这在西湖诸亭中罕见。

亭无匾，有楹联一副"名高北斗星辰上；独立东皇太乙前"，为佚名书。上联出自宋代诗人王庭珪《送胡邦衡之新州贬所》诗："囊封初上九重关，是日清都虎豹闲。百辟动容观奏牍，几人回首愧朝班？名高北斗星辰上，身堕南州瘴海间。不待他年公议出，汉廷行召贾生还。"下联出自宋代陆游《射的山观梅》诗："凌厉冰霜节愈坚，人间乃有此癯仙。坐收国士无双价，独立东皇太一前。此去幽寻应尽日，向来别恨动经年。花中竟是谁流辈？欲许芳兰恐未然。"意在歌颂以岳飞为代表的民族英雄抗击外族入侵的功绩及其反对南宋朝廷投降派的浩然正气。

宝云亭（葛岭六角亭）

此亭本为无名亭，因地处宝云山，而被当地人称作"宝云亭"；因其形制，也被称作"葛岭六角亭"。

瀹俗亭

瀹俗亭位于杭州栖霞岭"紫云胜景"内，为一座五柱钢砼结构攒尖顶木屋架亭。亭中置一石桌、数石凳。

亭匾"瀹俗亭"由戴家妙题书，无楹联。据《浙江通志》卷四十记载，"瀹俗亭"为一古亭，如今的"瀹俗亭"是在旧址上新建而成。

双灵亭

双灵亭位于杭州栖霞岭上山游步道上，为一座八石柱硬山顶路亭。亭呈半敞开式，左后为封闭式山墙，面北开半圆洞门。

亭无匾，于半圆洞门阴面额上书有"洞天福地"四字。中间四根石柱镌刻有楹联，前柱楹联内容为"美擅湖山，数胜迹重重，都向峰头观气象；地邻忠烈，溯游踪历历，偶来亭畔哭英雄"，落款为"光绪辛丑孟冬上浣栖霞洞主文通募缘重建，钱塘陈元瀞书"；后柱楹联内容为"一水印天心，异地证三生之果；六根无我相，双泉清万劫之尘"，落款为"光绪二十七年孟冬之月，钱塘陈元瀞书"。

据记载，双灵亭为栖霞洞洞主文通重建于清光绪辛丑年（1901）。亭所在的栖霞岭，位于葛岭西侧，岳庙西北面。据南宋吴自牧《梦粱录》记载："栖霞岭，又名剑门岭，亦名剑门关，在钱塘门外显明院之北。旧多栽桃花，开时烂然如霞，故名之。"

白云归处亭

白云归处亭位于杭州栖霞岭金鼓洞前，为一座四柱攒尖顶钢砼结构亭。

亭匾"白云归处"由梅华题书，其两侧楹联内容为"石气侵衣，老桧幽莎环鹤院；山风拂袖，芒鞋筇杖叩松关"，由王其煌撰，蔡云超书。

此亭附近昔有"归云洞"（今称"银鼓洞"），因洞外石骨嶙峋，若朵云驻山，故有"归云"洞名，此亭名应与洞名相关。

亭东侧是"金鼓洞"，据清代朱文藻纂辑《金鼓洞志》记载，金鼓洞位于浙江杭州，是道教著名的神仙洞府。康熙五年（1666）全真教龙门派第

白云归处亭（洪涛摄）

九代周太朗（1628—1711）来杭州，与金鼓洞洞主慧登法师一见契合，将金鼓洞归于周太朗，从此，周太朗便在金鼓洞建屋修真、结庐立坛、广收门徒，形成龙门金鼓洞支派，最后创立金鼓洞鹤林道院。如今，鹤林道院已不存，从附近的崖壁上的"归来一鹤""名在丹台石室中"等十余处题刻中尚能一窥昔日金鼓洞的盛景。

罨翡翠亭

罨翡翠亭位于杭州栖霞岭挂牌山银鼓洞附近，为一座四柱硬山顶木构路亭，形制朴素，体量较小。后期添置的长条坐凳影响了原有的风貌。

亭匾"罨翡翠"由沈立新题书，出自左思《蜀都赋》，其两侧抱柱楹联内容为"禅迹仙踪消幻境；山光水渌息浮沤"，由陈进书。

罨翡翠亭后为"银鼓洞"，银鼓洞旧名归云洞，银鼓洞崖壁上的一方诗文石刻被清代朱文藻纂辑《金鼓洞志》名为"归云洞题名"就是最好的佐证。

黄龙吐翠碑亭

黄龙吐翠碑亭位于杭州黄龙洞景区内，为一座六柱卷棚歇山顶木亭。亭内立"黄龙吐翠"碑石，碑石后方设带牖窗屏风，碑亭两侧与绕池而建的廊亭相连接。

此亭实为景碑保护亭，亭无匾，原有楹联一副"把酒待招玄鹤至；倚松静听老龙吟"，今不存。亭内所立景碑上的"黄龙吐翠"由中国书法家协会理事李长路题书。

碑亭所在景区，前为庭园，后有洞壑，为湖上雅幽园林之一。相传南宋嘉定年间僧人慧开曾说法隆兴之黄龙山，后卓锡于此。一日，突然雷声震地，岩石中涌出泉水，澄若重渊，以为龙随锡至，故而有"黄龙洞"之名。宋淳祐五年（1245），得到抗金名将孟珙的资助，于黄龙洞所在的扫帚坞建造了"护国仁王禅院"，自此，洞、寺连为一体，慧开成为该寺首任住持，于洞中参禅，于山寺说法。据《名胜志》记载，宋淳祐八年（1248），丞相郑清之躬祷得雨，赐"护国龙祠"额，山寺渐为求雨之地。元至正庚子年（1360），朱元璋、陈友谅大战，黄龙洞的护国龙祠和护国仁王禅寺毁于兵祸，之后山寺屡建屡毁。二十世纪八十年代，对此景区进行修整，建方竹园，辟汲古园，内设戏台，以仿古园的形式对外开放。二十世纪九十年代，黄龙吐翠又被改为"圆缘民俗园"，将园内的香雪亭易名为"香梅亭"，翠霭亭易名为"惜缘亭"，翠篁亭易名为"结缘亭"。

鹤止亭

鹤止亭位于杭州黄龙洞景区内，与"黄龙吐翠"碑亭隔黄龙池相望，

鹤止亭

为一座六柱攒尖顶木构亭，亭柱间设坐栏，它与后面的另一座歇山顶亭相连成一廊亭。亭顶立有一仙鹤塑像。

亭匾"鹤止亭"由吴子刚题书，其两侧曾有一楹联"月上新亭，把酒待招玄鹤至；风来古洞，倚松静听老龙吟"，由陈次平撰，王福厂书，今不存。亭名应和林和靖的"梅妻鹤子"故事有关，传说林和靖所养之鹤在这一带停歇，故有此名。

西湖山水间有四座有名的鹤亭，孤山的放鹤亭、灵峰山的来鹤亭、吴山的望鹤亭（匾额为"望鹤亭"，形似轩）及黄龙洞的鹤止亭。它们都有一个共同点——背山近水。放鹤亭背靠孤山，面临西湖；来鹤亭背靠灵峰山，下有掬月泉和钵池；望鹤亭背靠紫阳山，下有月波池；鹤止亭背靠宝石山，下有黄龙池。

长乐亭

长乐亭位于杭州黄龙洞景区紧靠山崖、龙头的左侧的叠石上，为一座八柱攒尖顶钢砼结构亭。亭柱间设坐栏，其下花格封底。

亭匾"长乐亭"由苏局仙题书，亭柱无楹联。亭后岩壁有洞穴，洞内面积达十余平方米，洞内曾祀黄大仙（黄石公）。洞穴岩壁两侧有楹联一副"圯桥风远留黄石；古洞云深护素书"，由黄宗枝撰，说的是黄石公和西汉留侯张良之间的故事。此亭因常作江南丝竹演奏处，故名"长乐"。

花港观鱼公园和苏堤一带

"花港观鱼"御碑亭

"花港观鱼"御碑亭位于花港观鱼公园内临近东大门的北侧,为一座四石柱歇山顶木屋架亭,亭柱间设木制栏杆围护。

亭无匾,无楹联,内立"花港观鱼"御碑,为御碑保护亭。亭内御碑正反面都刻有"花港观鱼"四字。清康熙三十八年(1699),皇帝玄烨驾临西湖,题写"花港观鱼"四字,并在鱼池旁边刻石建碑。后来乾隆下江南游西湖时,又在御碑的背面题诗"花家山下流花港,花著鱼身鱼嘬花。最是春光萃西子,底须秋水悟南华"。在一块碑的正反面留下了爷孙两代皇帝的题字,这在全国也是不多见的,可见两代皇帝对此景点情有独钟。可惜碑亭在咸丰末年毁于战火,如今的碑亭于1954年改建。碑亭北面是鱼池古迹,为旧时观鱼之地。

花港观鱼公园的前身为南宋内侍官卢允升的私家庭园,园内栽花养鱼,景色如画,宫廷画师马远等择景作画,把卢园作为西湖十景之一,称作"花港观鱼"。宋亡,卢园渐渐荒废。清康熙年间重建,咸丰末年毁于战火。同治八年(1869)重建鱼池、碑亭。光绪年间,先后建有"小万柳堂""陈庄""红栎山庄"等私家园林别墅。至1949年,仅剩一鱼池、一碑亭。

藏山阁

藏山阁位于花港观鱼公园蒋庄北侧大草坪假山上,为一座四柱单檐攒尖顶木构亭。黑卵石地坪,白卵石女墙上置木坐凳以代栏杆,另两面侧通上下路径。

亭匾"藏山阁"为篆体字,由书法篆刻家金禹民题写。无楹联。

藏山阁属于原"红栎山庄"内一景观。山庄建于清光绪三十三年(1907),为杭州人高云麟别墅,俗称高庄。庄内植春柳,四围亭台环之。内有莲池,池蓄金鱼。园景以春竹、夏荷、秋菊、冬梅出名。园内园外互相映衬,湖山秀色一览在目。庭院毁于抗战时期,现仅存所见的假山和亭子。由于这里四周山景如藏亭阁之中,因而取名"藏山阁"。在这里,园林设计师成功地运用了我国古代园林传统的造园手法——借景,使园林空间更显自然神韵,同时以有限的面积营造了无限的空间,达到了"多方胜景,咫尺山林"的艺术效果。2003年,在西湖西进工程时,取原山庄之园林意趣,"红栎山庄"在杨公堤畔易地恢复。

藏山阁

寂照亭

寂照亭位于花港观鱼公园蒋庄临小南湖畔,为一座八柱歇山顶亭。采用亭阁组合形式而立基于水中,四周设回栏,长窗小室,外置敞廊。

亭匾"寂照亭"由书法家李圣和书,其两侧楹联内容为"唯问白云何处去;不知明月几时来",由书画艺术家许从慎书。"寂照"二字来源于《大乘无生方便门》:"寂而常用,用而常寂;即用即寂,离相名寂,寂照照寂。寂照者,因性起相;照寂者,摄相归性。"

据记载,此亭建于民国初年。寂照亭所在的蒋庄是浙江省省级文物保护单位，由主楼、东楼、西楼、定香桥、寂照亭等建筑构成。蒋庄最早叫小万柳堂，旧称廉庄，是著名的金石、书画收藏家廉惠卿、吴芝瑛夫妇的隐居之地，吴芝瑛也是"巾帼女侠"秋瑾的金兰姐妹。后来因经济拮据，他们把小万柳堂转售南京富商蒋国榜（蒋苏庵），蒋国榜将小万柳堂改名为兰陔别墅，供其母休养之用。蒋国榜十分崇拜国学大师马一浮，曾跟随马先生读书做学问。1950年，他邀请老师马一浮先生在此居住，时间长达十六年。为纪念先生，蒋庄主楼被辟为马一浮纪念馆，于1990年12月开馆，开放至今。

印影亭

印影亭位于花港观鱼公园"红鱼池"景点旁，为一座八柱重檐攒尖顶亭，亭柱间设长条石凳。

匾额"印影亭"由著名教育家、古典文学家、书法家、复旦大学教授郭绍虞题写。两侧篆书楹联内容为"八面虚亭春色满；四围佳气锦麟回"，由杭州市园林文物局总工程师刘辉乙撰，中国图书馆学会副理事长顾廷龙书。

印影亭

据记载，印影亭在花港观鱼红鱼池西北隅。1968年，将原八角重檐朱栏碧瓦牡丹亭迁建今址，亭同而名异。以亭处水际，每值波光闪烁，映射于亭内吊顶上，故名。

印影亭旁就是"红鱼池"，面积近1公顷，为公园主景区之一。池内蓄养红鲫鱼和红鲤鱼数千尾。池中堆土成岛，池岸蜿蜒曲折。临池花木绚丽,小桥流水,倒影迷离;微风过处,点点飞花,使人沉醉于"花著鱼身鱼嘬花"的诗情画意之中。红鱼池东南角之竹廊水榭,名曰"濠上乐",也是观鱼佳处。

牡丹亭

牡丹亭位于花港观鱼公园全园主景区的牡丹园最高处,为一座八柱重檐攒尖顶亭,柱间设坐栏。

亭匾"牡丹亭"由中国现代著名作家茅盾题写,两侧楹联内容为"晓露轻盈泛紫艳;朝阳照耀生红光",由国画家、艺术教

牡丹亭

育家诸乐三题写。此联出自白居易的七言歌体诗《牡丹芳》中的"宿露轻盈泛紫艳,朝阳照耀生红光",只是将"宿"改成了"晓",犹现牡丹在清晨阳光照射下耀眼夺目的姿色。

据记载,此亭始建于1953年,为毛杉木茅草顶小亭,后又改为八角重檐攒尖顶竹亭。1972年,再改建为朱栏碧瓦木结构圆亭,隐于错落山石曲径中。

牡丹亭所处的牡丹园是公园主要景点之一,占地面积1.1公顷。牡丹园的构图借鉴中国国画中的立意和意境,以牡丹为主题,配置山石和其他花木,高下错落,疏密得体,多方景胜,"宛如天开"。最高处的牡丹亭周围种植各种牡丹、芍药,按不同品种分为十多个花境小区块,年年谷雨前后,尽显花中王者风范,国色天香,名不虚传。自牡丹亭远眺,景色尽收眼底。

绾波亭

绾波亭位于花港观鱼公园西南的港湾幽僻临水处，为一座六柱单檐攒尖顶亭，柱间设长条坐凳。

亭匾"绾波亭"由中国著名书法家吴家禄题写。两侧篆书楹联内容为"迷离杨柳花迎客；轻阴庭馆水平桥"，由中国南岭画院特邀书画家、中国古代怀素书法艺术研究会研究员朴石撰，中国书法家协会原理事李鹤年题写。

据记载，绾波亭始建于1963年，因此亭处于三条港汊交叉处，似有绾束碧波之趣而得此名。

绾波亭所处的花港观鱼公园港湾，实为"花港"之源。这里因游人较少而特别幽静。盛夏若坐于亭内，眼见丛林浓荫，曲径相通，顿感静谧，真是"蝉噪林愈静，鸟鸣山更幽"，整个花港观鱼公园似环抱在盈盈绿意之中。

绿猗亭

绿猗亭位于花港观鱼公园西南侧，临近南山路和杨公堤交接处，为一座六柱攒尖顶亭，柱间设坐栏。

亭匾"绿猗亭"由杭州市书法家协会副主席、西泠印社理事宋涛题写，两侧楹联内容为"林花经雨香犹在；芳草留人意自闲"，为集句，由陈雷书。其上联出自北宋诗人寇准的《春晚书事》："春尽江天景寂寥，思乡还共楚云遥。林花经雨香犹在，堤柳无风絮自飘。水国独惭临县邑，烟郊争合负渔樵。青梅时节迟归计，且逐余芳殢酒瓢。"下联出自北宋欧阳修《再至西都》诗："伊川不到十年间，鱼鸟今应怪我还。浪得浮名销壮节，羞将白发见青山。野花向客开如笑，芳草留人意自闲。却到谢公题壁处，向风清泪独潸潸。"

杨公堤碑亭

杨公堤碑亭位于花港观鱼公园"红栎山庄"东北部、景行古桥旁,为一座四柱攒尖顶方亭。

亭内竖立一石碑,阳面题刻"杨公堤",由著名中国书法家、出版家沈鹏题写,阴面题刻"重建杨公堤碑记",由浙江古籍出版社原副总编辑、浙江省楹联研究会会长王翼奇撰文。碑文如下:

重建杨公堤碑记

杨公堤为明杭州知府杨孟瑛浚湖所筑。弘治十六年(一五〇三年)杨公知杭,时西湖长年淤积,湖西几成平陆。公锐情恢拓,于正德三年(一五〇八年)兴工,历时半载,清除豪强侵占之三千余亩葑田,还湖西水域之旧,以葑泥筑长堤于苏堤之西,堤上架环碧、流金、卧龙、隐秀、景行、浚源诸桥,合称"里六桥"。州民乃以"杨公"名堤。明清以还,堤桥迭经毁损,堤西湖面复淤塞成田,堤与湖之西岸渐合为路。

青史回眸,宜焕名城俊彩;鸿图在握,应书盛世新篇。杭州市委、市政府缜密运筹,作出"西湖综合保护"之宏远决策,以再现"一湖二塔三岛三堤"之历史风貌。杨公堤重建工程于二〇〇二年孟冬作始,翌年仲秋告成。从此湖西以斯堤为聚景之中轴,揽胜之长廊。与白苏为伯仲,堤复成三;通南北而逶迤,桥又有六。西望金沙茅埠,绿湾碧涧,曲折幽深,青旗微现,兰舫轻移;东连曲院刘庄,玉带晴虹,风荷水竹,烟雨藏诗,楼台罨画。村居古俗,观百年黎庶遗风;越调吴歌,听一曲桃花流水。千顷明湖,弥增其胜;八方嘉客,盍兴乎来!是为记。

乐水亭

乐水亭位于花港观鱼公园南门临小南湖处,为一座四柱攒尖方亭,亭柱间设长条木凳。

亭匾"乐水亭"由中国书法家协会会员、西泠印社社员骆恒光书,两侧篆体楹联内容为"游鱼鸣禽,同吾真乐;高花深柳,及时清欢",由西泠印社首任社长、书法大家吴昌硕题书。

小南湖是西湖的组成部分,亭子所在的位置恰好是小南湖进水口。这里湖水清澈见底,手掌长的小鱼成群穿梭在水草间,特别在夏天天气最闷热的时候,常常能看到进水口白鲢"鱼跃龙门"的景象。这里也是近赏花港公园沿湖景色,远眺苏堤岸柳、雷峰塔身影的极佳之处。

刘庄八角亭

刘庄八角亭位于杭州西湖国宾馆刘庄一号楼临湖处,为一座八柱重檐攒尖顶封闭式亭。

此亭是以老刘庄"湖山春晓"水榭为原型而修筑,亭上部为玻璃窗封闭,下部被砖砌而封闭,面积仅为 15 平方米。虽然其外形似亭,但其功能已改变,因其具有特殊的意义而被收录于此书。

刘庄八角亭曾在中美建交史上扮演过重要角色——著名的《中美联合公报》在此诞生。中美双方在经历了多次艰难的会谈后,决定 1972 年 2 月 28 日在上海向全世界发布《中美联合公报》。1972 年 2 月 26 日,尼克松总统与夫人帕特一行飞抵杭州,准备第二天飞赴上海。尼克松总统下榻在刘庄的一号楼。可美方对已经形成的公报提出了异议,其中诸多事项需要重新谈判。再次会谈被安排在刘庄一号楼的八角亭。这一夜,刘庄和北京开通了热线。直到 27 日凌晨 2 点,最后《中美联合公报》的文本终于完

刘庄八角亭

成，就在刘庄的这个八角亭内，尼克松与周恩来草签了《中美联合公报》。2月28日，中美双方齐赴上海，作正式签署，故《中美联合公报》也称"上海公报"。尼克松第二次来杭访问时充满情感地回忆："历史性文件《中美上海公报》，也可以说是1972年2月26日在杭州诞生，28日在上海向全世界公布的。"

"上海公报"的签署过程极为曲折，经过中方的艰苦努力并采取灵活的应对方式，美国终于在《中美联合公报》中对台湾问题作出了承诺，确立了"一个中国"的原则。《中美联合公报》的发表举世闻名，它标志着两国关系正常化进程的开始，为以后中美关系的进一步改善和发展打下了基础，意义重大。

三贤堂廊亭

三贤堂廊亭位于苏堤锁澜桥与望山桥之间，是在原"曙林带暝，晴霭弄霏"廊亭基础上改建的一座仿古木构建筑，亭柱间设长条坐凳。

"三贤堂"廊亭保留原有的南、北两端出入口，新增了中间主入口与苏堤相连，并且在亭前置"三贤堂"太湖石，给人面貌一新的感觉。

亭匾和楹联各有三，通苏堤口的亭匾为"月香水影"，出自南宋诗人周密的《木兰花慢·断桥残雪》，由朱关田书，两侧楹联由戴家妙书三贤堂旧联"春烟寺院敲茶鼓；夕阳楼台卓酒旗"，此联出自王安石同母弟王安国的《西湖春日》诗。

廊亭南侧入口亭匾为"晴光雨色"，集苏轼字，两侧楹联为三贤堂主赞苏轼联"水枕能令山俯仰；风船解与月徘徊"，此联出自苏轼诗《六月二十七日望湖楼醉书五绝》，由赵雁君书。

廊亭北侧入口亭匾为"水西云光"，集苏轼字，两侧楹联为三贤堂主赞白居易联"烟波澹荡摇空碧；楼殿参差倚夕阳"，此联摘自白居易诗《西湖晚归回望孤山寺赠诸客》，由书法家聂大中书。

亭廊内的虚窗上有三篇诗词：白居易的《钱塘湖春行》、林和靖的《山园小梅》、苏轼的《饮湖上初晴后雨》。

"三贤堂"古已有之，古"三贤堂"建于南宋宝庆二年（1226），亦称"先贤堂"，后毁于元代初年。张岱在《西湖梦寻》中有这样的记载："宋时西湖有三贤祠两：其一在孤山竹阁。三贤者，白乐天、林和靖、苏东坡也。其一在龙井资圣院。三贤者，赵阅道、僧辩才、苏东坡也。宝庆间，袁樵移竹阁三贤祠于苏公堤，建亭馆以沽官酒。或题诗云：'和靖东坡白乐天，三人秋菊荐寒泉。而今满面生尘土，却与袁樵趁酒钱。'"如今苏堤上的这座"三贤堂"就是为了纪念对杭州文化具有突出贡献的白居易、林和靖、苏东坡这三位贤达名人而建。

湖山亭

湖山亭位于苏堤望山桥与锁澜桥之间，为一座六柱攒尖顶亭，亭置斗拱、垂花，亭柱间设坐栏。

亭匾"湖山亭"佚名题，两侧楹联内容为："雨过湖天笼白昼；云归山市锁黄昏。"此联出自宋末元初诗人、词人汪元量撰《湖山堂》诗"高堂寂寞半开门，草没颓墙竹满园。雨过湖天笼白昼，云归山市锁黄昏。忘机今古鸥来往，说梦兴亡燕语言。行尽六桥吟更好，万松岭上一声猿"，由中国书法家协会理事、浙江省书法家协会副主席杨西湖书。

此亭临湖而建，曾用名称有二，原名"夕佳亭"，建于1964年，"文革"

湖山亭

时被毁；后于 2003 年重建，改名为"醉春亭"，显然为和咏"苏堤春晓"之美名；2021 年更名为"湖山亭"，因有记载："桥西为湖山堂，南宋咸淳三年（1267），临安知府洪焘筑建，有'四浮屠矗四围，如武士相卫''水阁六楹，又纵为堂四楹，以达于阁'……"而一时成为西湖堂宇之冠，故更名。

"苏堤春晓"御碑亭

"苏堤春晓"御碑亭位于苏堤压堤桥畔，为一座四方柱攒尖顶木构方亭。顶部设斗拱、垂花和挂落。亭内立"苏堤春晓"石碑，并设围栏。

亭无匾。亭正面有一副抱柱楹联，内容为"山色云深，夹道莺声乱；湖光烟接，连天柳絮飞"，由杭州市诗词楹联学会名誉会长王其煌撰，书画家、篆刻家祝遂之书。

"苏堤春晓"御碑亭所在的苏堤，南起南屏山北麓，北到栖霞岭下，全长约 2.8 公里，是北宋元祐五年（1090），苏轼（苏东坡）任杭州知州时疏浚西湖，利用浚挖的淤泥构筑并历经后世演变而形成，杭州人民为纪念苏东坡治理西湖的功绩，把它命名为"苏堤"。它与白堤、杨公堤号称西湖三堤，是西湖上三道美丽的风景线；它还是跨湖连通南北两岸的唯一通道，穿越了整个西湖水域，是观赏全湖景观的最佳地带；间株杨柳间株桃的特有景致更是西湖文化景观的重要组成元素。

据记载，此碑亭始建于康熙

"苏堤春晓"御碑亭

三十八年（1699）。亭内所立"苏堤春晓"御碑与另一处"曲院风荷"御碑是西湖十景中尚存的两块原始石碑，弥足珍贵。碑石曾在"文化大革命"期间被砸断，现碑于二十世纪七十年代修复重新竖立。

碑额正反面镌刻浮雕海水和云龙图案，御碑阳面的"苏堤春晓"为清康熙帝所题，阴面、两侧及额上所题为乾隆帝诗六首，故此御碑又称"祖孙碑"。御碑上六首乾隆题诗内容分别是：

碑阴，为乾隆第一次南巡到杭州（1751）所题写的诗：通守钱塘记大苏，取之无尽适逢吾。长堤万古传名姓，肯让夷光擅此湖。

碑身北侧，为乾隆第二次南巡到杭州（1757）所题写的诗：重来民气幸新苏，灾后犹然念厪吾。此是春巡第一义，游堤宁为玩西湖。

碑身南侧，为乾隆第三次南巡到杭州（1762）所题写的诗：三度南巡杭复苏，民风吏治并厪吾。长堤今日游乘暇，与物皆春似此湖。

碑额阴面，为乾隆第四次南巡到杭州（1765）所题写的诗：春来万物喜昭苏，正值巡方跸驻吾。跋马长堤频按辔，韶光辉映两边湖。

碑额南侧，为乾隆第五次南巡到杭州（1780）所题写的诗：千古长堤只姓苏，牧民絜矩意殷吾。春风十五重经面，摘句能无愧此湖。

碑额北侧，为乾隆第六次南巡到杭州（1784）所题写的诗：频烦叠韵创髯苏，一再无妨肖以吾。增景已难偻指计，却兹数典占西湖。

仁风亭

仁风亭位于苏堤北端跨虹桥与东浦桥之间、苏堤东侧临湖处，为一座八柱攒尖顶钢砼仿木结构亭。亭置雀替，柱间设坐栏。

亭匾"仁风亭"由书画教育研究员、中国楹联学会会员夏有良题写，两侧楹联内容为："海宇三登歌化日；湖山一览醉春风。"此联出自宋末元初杭州人董嗣杲撰《丰乐楼》诗"莺花箫鼓绮罗丛，人在熙和境界中。海宇三登歌化日，湖山一览醉春风。水摇层栋青红湿，云锁

仁风亭

危梯粉黛窗。十里掌平都掩尽,有谁曾纪建楼功",由中国书法家协会会员、浙江省书法家协会理事羊晓君书。

据记载,此亭建于二十世纪六十年代初,临湖而建。亭名出自《后汉书·章帝纪》"功烈光于四海,仁风行于千载",为纪念苏轼主政杭州期间的千古功业。若坐于亭内赏湖,湖中三岛及西泠桥可尽收眼底。

杨公堤一带

西湖的亭

"曲院风荷"御碑亭

"曲院风荷"御碑亭位于苏堤北端、跨虹桥西侧临岳湖处,为一座四石柱歇山顶方亭。

亭无匾,无楹联,为御碑保护亭。亭无殊,但是亭内的"曲院风荷"碑石与"苏堤春晓"碑石,是西湖十景中尚存的两块原始碑,为清时原物,缺碑额。《西湖志》卷三有记载:在苏堤跨虹桥西,康熙三十八年(1699)圣祖仁皇帝御题西湖十景时,将"麯院荷风"改为"曲院风荷",并勒石立碑建亭,将"麯院"改成"曲院",顾虑到后人会以为错题,其孙乾隆在南巡时特意在碑后写下《曲院风荷》诗来说明。御碑东侧,为乾隆第二次南巡(1757)到杭的题咏:"嫩芷新蒲始漾风,那看渌水植花红。笑予却是拘名象,杏雨桃霞岂不同!"西湖"废而不治"的情况到康熙南巡时已得到较好的改善。御碑西侧,为乾隆皇帝第三次南巡(1762)时的题咏:"几个田田漾细风,乍看绿叶想花红。昆明湖上浮轻舫,六月春光讶许同。"如今的亭子也非原物,为1950年后按旧制重建。

在南宋西湖十景中,"曲院风荷"这一景可谓变化最大。首先是景点的

"曲院风荷"御碑亭

位移，南宋时其景点中心区域为"麯院"，位置应在现在的赵公堤近洪春桥的金沙港一带。其次是功用发生了变化，据《西湖游览志》记载："麯院，宋时取金沙涧之水造麯，以酿官酒。其地多荷花，世称'麯院风荷'是也。"南宋画院题景时称之为"麯院荷风"。可见当时其主要功能是酿酒，荷花不过是点缀。时至康熙三十八年（1699），西湖被淤塞，无论"麯院"还是荷花都已名存实亡，为迎圣驾南巡，极力主张恢复西湖名胜古迹的当地官员便将"麯院荷风"景点从洪春桥附近迁到了苏堤的跨虹桥畔，即现在的"曲院风荷"御碑亭处。最后是景点名称的改变，在康熙南巡时，将"麯院荷风"改成了"曲院风荷"。如今的曲院风荷公园是从1983年开始逐步建成的大型公园，全园分为岳湖、竹素园、风荷、曲院和滨湖密林几大景区，主景区以亭、台、楼、阁、坊、榭、桥和亭廊等组合成了名副其实的"曲院风荷"。

仁寿亭

仁寿亭位于杨公堤环碧桥（北端第一桥）西侧、"环碧湖舍"旁，为一座六柱攒尖顶木亭，亭柱间设坐栏。

亭匾"仁寿亭"由浙江省女书法家协会副秘书长、浙江省文史研究馆馆员梅华题写，前柱楹联内容为"云岚染碧环精舍；烟雨含馨润圣湖"，由中国楹联学会理事、浙江省诗词与楹联学会顾问薄松涛撰联，华夏书画学会名誉会长、西泠印社社员钱大礼书。

楹联提到的"精舍"是指亭前的"环碧湖舍"，它是二十世纪三十年代上海名望王晓籁在西湖边建造的一座中西合璧的花园别墅，后改作他用。2003年恢复该别墅旧观。旁侧的杨公堤旧时因紧靠仁寿山麓，一度称仁寿路，故"环碧湖舍"民国期间又称"仁寿山庄"，此亭也因此得名。

杨堤景行碑亭

杨堤景行碑亭位于杭州花圃东门北侧，为一座四柱歇山顶木构亭，亭柱间设长条木凳。

亭无匾，有楹联一副，内容为："罨画长堤，藏诗小苑；景行往哲，仰止先贤。"亭内立有"杨堤景行"碑石。

杨公堤位于西湖以西，全长3.4千米，宽22米。它北起灵隐路，南至虎跑路，是与白堤、苏堤齐名的"西湖三堤"之一。它串联起曲院风荷、金沙港、杭州花圃、茅家埠、乌龟潭、浴鹄湾和花港观鱼等著名景点，堤上由北向南环碧、流金、卧龙、隐秀、景行、浚源六座石拱桥端庄秀丽，其中隐秀桥、景行桥可供游船通行。

杨公堤是为纪念杨孟瑛而命名的。明弘治十六年（1503）杨孟瑛出任杭州知府，那时西湖已被淤泥阻塞，并被豪强们占地，景象破败。杨孟瑛力排众议，于明正德三年（1508）实施疏浚，将疏浚产生的淤泥、葑草在西里湖上筑成一条呈南北走向的长堤，堤上建六桥，后人为纪念杨孟瑛，就将此堤取名为"杨公堤"。但到了百年后的清代，杨公堤因西湖湖面缩小，到民国期间已改称为"西山路"。2003年西湖综合保护工程恢复杨公堤六桥，与苏堤六桥遥相呼应。"杨堤景行"既表达了现代人对先贤杨孟瑛浚湖筑堤这一惠及杭州百姓和西湖的德行的景仰之情，也含蓄地点出了杨公堤人行景移、步移景换的特色。

履泰亭

履泰亭位于杨公堤天泽楼后临水处，是为纪念吴越时履泰将军、传承原天泽庙的功能而建。

亭匾"履泰亭"由赵征宇书，无楹联。

履泰亭旁的天泽楼原为天泽庙，始建于宋代以前，原为祭祀五代吴越时履泰将军（姓孙，名显忠，钱塘人）的祠庙。南宋嘉熙年间，临安知府赵与㩳在此祈雨应验,奏封天泽侯,赐庙额"孚应"。明万历年间,郡守张振之祈雨复验,并扩建新庙。现复建天泽楼,且在天泽楼内开辟了西湖综合保护工程陈列馆,展示了西湖西扩的一些大事记。游人至此,既可了解古代的祈雨风俗和文化,又可了解近代杭州对西湖的改造业绩。

波香亭

波香亭位于曲院风荷公园风荷景区之东,亭形别致,平面构图采用"人"字形,为一座九柱钢砼结构仿木亭,亭柱间设坐栏。

亭匾由中国书法家协会名誉理事沈延毅题写,"波香亭"的得名出自清代许承祖《曲院风荷》诗

波香亭

中"白云一片忽酿雨,泻入波心水亦香"句。两侧楹联内容为"野翠生松竹;潭香闻芰荷",为集句,由中国书法家协会理事、上海市书法家协会主席团成员方传鑫书。上联出自李白诗《姑孰十咏·陵歊台》中的"闲云入窗牖,野翠生松竹",下联出自孟浩然诗《夏日浮舟过陈大水亭》中的"涧影见松竹,潭香闻芰荷"。

此亭建于1983年,与"红绡翠盖"廊亭隔水相望,互为映衬,并与斜对面的"风徽亭"及更北面的"迎薰阁"组成一景观建筑群,是"曲院风荷"的核心景区。

风徽亭

风徽亭位于曲院风荷公园风荷景区之西,为一座六柱攒尖顶亭,亭柱间设坐栏。

亭建于1983年。亭匾"风徽"由中国书法家协会会员吴杭生题书,亭名出自南朝诗人谢瞻《于安城答灵运》一诗"条繁林弥蔚,波清源愈浚。华宗诞吾秀,之子绍前胤。绸缪结风徽,烟煴吐芳讯。鸿渐随事变,云台与年峻",以颂扬荷花高洁风范。两侧楹联内容与波香亭的相同,如此接近的两个亭子,悬挂相同内容的楹联,较为罕见。

觞咏亭

觞咏亭位于曲院风荷公园风荷景区、青帘坊旁的小坡上,与湖畔居(开心茶馆)隔河相望,为一座四柱攒尖顶木构亭。

亭额上的匾"觞咏亭"由中国书法家协会会员、杭州市书法家协会副主席陈进题写。无楹联。

觞,为古代酒器,引申为饮酒,亭名可理解为饮酒欢唱之所。为了体现宋代的麯院文化,特别在风荷区筑建了"风荷御酒坊"牌坊,以及以"南宋酒坊""万斛香""琥珀苑""香凝绿酿""觞咏亭""青帘坊"等命名的建筑,还设置了两组有关南宋麯院的群雕,营造南宋酒文化氛围。

湛碧亭和诗碑亭

此两亭无匾、无楹联。本无亭名,但因外形美观,颇具特色,本地人就根据其地理位置和特点有了"湛碧亭"和"诗碑亭"的俗称。

湛碧亭位于曲院风荷公园"湛碧楼"附近,为六柱重檐攒尖顶亭,亭柱间设坐栏。此亭因近"湛碧楼"而被大家称为湛碧亭。每当荷花盛开的时候,倚着亭内的美人靠,放眼近有"藻鉴品裁"阁、"卓颖舫"、

"湛碧楼"及水池、假山，远有苏堤横亘，风景如画，不失为一处纳凉观景的好地方。

诗碑亭位于曲院风荷公园"湖畔居"茶室附近，为罕见的双层三重檐攒尖顶亭，因亭内陈列着历代文人赞叹西湖曲院风荷的

湛碧亭

诗词，而被大家称为诗碑亭。亭有两层，可登高望远。底层刻有七首诗词的碑石用玻璃屏围保，七首诗词分别为：

北宋黄庭坚的词："樱桃著子如红豆，不管春归。闻道开时。蜂惹香须蝶惹衣。　楼台灯火明珠翠，酒恋歌迷。醉玉东西。少个人人暖被携。"

北宋潘阆的词："长忆西湖，尽日凭阑楼上望。三三两两钓鱼舟，岛屿正清秋。　笛声依约芦花里，白鸟成行忽惊起。别来闲整钓鱼竿，思入水云寒。"

元代尹廷高的诗："虚堂四面枕湖光，酝作芙蕖万斛香。独笑南熏更多事，强教西子舞霓裳。"

明代张岱的诗："颊上带微酡，解颐开笑口。何物醉荷花，暖风原似酒。"

明代聂大年的诗："翠围红绕

诗碑亭

战纵横,似看吴宫习女兵。飞雪翻空云影乱,游鱼吹浪水纹生。"

明代王瀛的诗:"古来曲院枕莲塘,风过犹疑酝酿香。尊得凌波仙子醉,锦裳零落怯新凉。"

清代许承祖的诗:"绿盖红妆锦绣乡,虚亭面面纳湖光。白云一片忽酿雨,泻入波心水亦香。"

玉带晴虹亭

玉带晴虹亭位于曲院风荷公园的玉带桥上,为一座八柱重檐歇山顶方亭。

亭匾"玉带晴虹"由中国书法家协会理事、上海文史馆馆员胡问遂题写。无楹联。

玉带晴虹亭

玉带晴虹,清西湖十八景之一。在苏堤东浦桥桥南西侧、茂密的香樟树掩映下,有一条东西走向的堤坝,它就是金沙堤,堤中筑有三个用于疏导湖水的桥洞,贯通着岳湖和西里湖的湖水,形状像带环,这座桥因此被称为"玉带桥",桥身倒映在湛蓝的湖水中,仿佛是横贯空中的彩虹,所以起名叫"玉带晴虹"。玉带桥是一座三孔石桥,正好连接了苏堤与曲院风荷,其景致不仅是曲院风荷的代表,也堪称西湖造景之经典。原桥亭于清末毁于战乱。1982年,有关部门在修复玉带桥时,按清雍正年间的尺度、式样复建,恢复了"玉带晴虹"原有的景观。

信风酥雨亭

信风酥雨亭位于杭州花圃仰云楼南侧,为一座四柱歇山顶木亭,左右两侧柱间设长条木凳。

亭匾"信风酥雨"由中国书法家协会会员沈立新题写,两侧楹联内容为"林花经雨香犹在;芳草留人意自闲",集句而成,由中国书法家协会名誉理事陈雷书。

经亭可上"仰云楼",因地势较高,成为杭州花圃内较为理想的观景点。篆体"仰云楼"由中国美术学院教授、西泠印社执行社长刘江题写,两侧楹联内容为"俯瞰东西金涧水;仰瞻南北两峰云",为旧联,由中国书法家协会会员、浙江书法家协会理事丁茂鲁书。一楼为"U"字形结构,两侧均有亭廊,亭匾分别为"近月"与"回云",亭匾两侧各有一楹联。近月亭两侧楹联内容为:"玉簪拔地三千仞;宝盖撑空一七层。"此联出自明代聂大年的《两峰插云》诗,由浙江省书法家协会理事、杭州市书法家协会副主席吴新如书。回云亭两侧楹联内容为:"华盖渐迷青缥渺;浮图时见碧玲珑。"此联出自明代高得旸《两峰白云》诗,由中国书法家协会会员、浙江省甲骨文学会副会长陈进书。

梓翁亭(迎风映月亭)

两宜轩将郭庄分隔成南北两部分,南部"静必居"宅院部分和北部"一镜天开"园林部分。梓翁亭(迎风映月亭)和如沐春风亭就在郭庄北部。

梓翁亭位于两宜轩的西侧,为一座两翘角攒尖顶扇形半山亭。

亭匾"梓翁亭"由叶圣陶先生题写,两侧楹联内容为"钱树银花城不夜;幽兰玉貌君衍芬",由古建筑园林艺术专家陈从周先生题写。亭内另有陈从周题写的"迎风映月"匾,故此亭又称"迎风映月亭";

壁上嵌有《陈从周介绍》《重修汾阳别墅记》和《修梓翁亭记》三幅石刻拓片，从拓片内容可见陈从周先生在郭庄重修过程中以其丰富的古建筑、古园林知识和经验所作出的贡献。

陈从周（1918—2000），原名郁文，晚年别号梓室，自称梓翁，浙江绍兴人。中国著名的古建筑园林艺术专家，同济大学教授，擅长文史，兼工诗词、绘画，著有《说园》等。"梓翁亭"的建造，也正是为了纪念陈从周先生对重修郭庄所做的贡献。

赏心悦目亭

赏心悦目亭，又名伫云亭，位于杨公堤旁的郭庄内、临西里湖的太湖石假山上，为一座四角攒尖顶木构方亭。其临湖两面饰以女墙明窗，通道两旁则缀以落地长窗。因高踞湖池之间，着眼于四周的水光山色，故有"赏心悦目"之名。

亭匾"赏心悦目"由中国书法家协会会员、西泠印社理事张耕源题写，无楹联。

亭基太湖石假山系清代遗构，下部架空，引西湖活水入郭庄与一镜天开池水相通。登上"赏心悦目亭"，视线极好，周遭美景尽收眼底——苏堤春晓、曲院风荷……

凝香亭和浣藻亭

凝香亭、浣藻亭位于杨公堤旁的郭庄内、"浣池"的东西两侧，两亭隔浣池相呼应。两座亭仅有亭匾，无楹联，但它们在院内还是起到了点睛之妙。

凝香亭位于"浣池"的西侧，为一座四柱攒尖顶木构方亭。亭柱间设坐栏，一面通回廊，朝东的檐角两角饰有龙头，朝西的则架于粉墙上，整座亭简洁大方，被梅树簇拥着自然有了"凝香"的亭名。

浣藻亭位于"浣池"东侧，为一座六柱攒尖顶木构亭。亭柱间设坐栏，一面通向内院，其朝东的两檐角一直伸展至景苏阁的院中，恰好成了入口"门槛"，与凝香亭互为对景。因其临池，水清见藻，故有"浣藻"之名。

如沐春风亭

如沐春风亭位于郭庄翠迷廊的最北端、处在围墙一角的扇形半亭，正对苏池。

匾额"如沐春风"由中国美术家协会理事、西泠印社理事何水法书写。无楹联。

如沐春风亭

"如沐春风"出自朱熹《伊洛渊源录》卷四：朱公掞见明道于汝州，逾月而归。语人曰："光庭在春风中坐了一月。"光庭，指的是宋朝程颢的弟子朱光庭，光庭听老师讲课如痴如醉，得到教益和感化，就像受到春风的吹拂一般。

此亭所处的郭庄位于杭州杨公堤卧龙桥畔，与西湖十景之一的"曲院风荷"公园相邻，被誉为"西湖古典园林之冠"，是杭州现存唯一完整的私家花园。郭庄原名"端友别墅"，建于清光绪三十三年（1907），主人为杭州商人宋端甫，故有"宋庄"之称。民国期间，宋庄曾抵押给清河坊孔凤春粉店，后转卖给汾阳人郭氏，由此改称"汾阳别墅"，俗称郭庄。1950年后，郭庄移作他用，建筑与园林缺损荒芜。1989年10月由园林部门收归整修，按修旧如旧原则复其旧貌，并于1991年10月1日重新开放。庄园占地9788平方米，水面近3000平方米，布局典雅，别具情趣，被园林学界誉为"西湖池馆中最富古趣者"。1989年12月被浙江省人民政府列为浙江省重点文物保护单位。

上香古道至丁家山一带

慕侠亭（学到老亭）

慕侠亭又名"学到老亭"，位于杨公堤丁家山西麓、杭州空军疗养院对面，为一座八柱歇山顶木石结构亭，柱间设长条石凳。

此亭亭名有二，是因悬挂两块亭匾，站在杨公堤上看到的那块"学到老"

慕侠亭（学到老亭）

匾额是近代著名画家黄宾虹题写；站在亭后的石阶上看到的那块"慕侠亭"匾额由曾任中国美术家协会理事、西泠印社理事的唐云题写，"学到老"也是盖叫天生前座右铭。

亭内有三副楹联，匾额"学到老"两侧楹联内容为"英名盖世三叉口；杰作惊天十字坡"，由曾任中国美术家协会上海分会副主席、上海市文史研究馆馆员的吴湖帆题写，将盖叫天的姓名、艺名和戏名巧妙地融合在一起。匾额"慕侠亭"两侧的楹联内容为"燕北真好汉；江南活武松"，由陈毅撰句、沙孟海书。亭内还有一副楹联，内容为"一代孟优，允文允武；千秋绝艺，如柏如松"，由佚名撰，唐云书。

盖叫天（1888—1971），1888年出生于河北高阳县。原名张英杰，号燕南，工武生，长期在上海、杭州一带演出。他继承了南派武生创始人李春来的艺术风格，又广泛吸取京剧与昆曲、地方戏中各流派武生和其他行当表演艺术的长处，并借鉴武术，以丰富的武打技术和人物形体美的造型，逐渐形成了独具特色的"盖派"表演艺术。他擅演《武松》（包括《打虎》《狮子楼》《十字坡》《快活林》等），有"江南活武松"之誉，他不仅是一位杰出的舞台表演艺术家，也是一位杰出的戏曲艺术理论家。其故居位于杭州西湖风景名胜区赵公堤5号，又名"燕南寄庐"。

半隐亭（赵之谦纪念亭）

半隐亭位于杨公堤15号，是为纪念清代书画家、篆刻家赵之谦而建，所以也称"赵之谦纪念亭"，为一座十字形、四面敞开的组合式攒尖顶木亭，亭柱间设坐栏。

亭匾"半隐亭"为赵之谦手迹，两侧篆体楹联内容为："举头望明月；依树听流泉。"亭中还有多副楹联，东面的"万倾月波秋雨后；一篙烟翠夕阳间"，西面的"新雨客疏尘锁几；故山秋澹树藏楼"，北面的"杨柳亭台凝晚翠；芙蓉帘幕扇秋红"。除了西面的疑为元代诗人戴表元诗句外，其余的楹联、匾额均出自赵之谦本人的联或集其字而成，实为罕见，足见这位大师的作品数量之多。亭的西边地上有近十枚较大的印章石，也表现了他的篆刻成就之高。

半隐亭隔杨公堤对面是赵之谦墓址。赵之谦（1829—1884），字㧑叔，号悲盦，晚号无闷，浙江

半隐亭（赵之谦纪念亭）

会稽人，咸丰九年（1859）举人。曾总纂《江西通志》，历官江西鄱阳、奉新、南城知县。是晚清杰出的书画篆刻艺术大师，书法由颜真卿而一意北魏，含蓄深沉，刚柔相济；绘画秾艳恣肆，笔墨流畅，为"海上画派"的创始人；篆刻师法邓石如而能融入创意，卓然自成一家；诗文亦务为新奇，当代书界泰斗沙孟海先生称誉他与元王冕、近代吴昌硕、现代齐白石为近八百年来集书、诗、画、印四绝于一身之佼佼者。其主要著述有《勇庐闲诘》《二金蝶堂印存》《辑雅堂诗话》《补寰宇访碑录》《六朝别字记》《悲庵盦居士诗剩》等。赵之谦去世后，其友人于1885年10月将其埋葬于杭州西湖丁家山，在其墓址附近立碑，以示其迹。2022年9月，赵之谦墓址被杭州市人民政府列为杭州市市级文物保护单位。

凝紫亭

凝紫亭位于上香古道河边，为一座六柱重檐攒尖顶圆亭，亭柱间设长条木凳。此亭形制较为小众，遍布西湖周围的众多亭子中，类似形制的仅有三台山路边的"闲亭"和柳浪闻莺的"会芳亭"。

亭匾"凝紫亭"由中国书法家协会会员、教育部书法教育学会常务理事兼学术委员会委员池长庆题写，两侧楹联内容为"小憩凉亭，领略田野风味；徐行古道，平章水木清华"，由汤柏林撰，周文清书。

上香古道是清中叶以前留下的一条古道。那时，茅家埠一带有大片西湖水

凝紫亭

面，香客去灵隐、上天竺等寺进香只能依靠水路交通，通常搭乘小船由艮山门沿中河或由湖滨进入西湖，然后或在茅家埠登陆去寺庙，或经上香古道至寺庙，所以那时茅家埠一带斋堂、茶店、商店云集，香客络绎不绝，形成了一种具有浓郁的民俗特色的香市文化。二十世纪四十年代后期，从湖滨到灵隐开通了公路，所以上香古道逐渐被弃用。2003年，经西湖综合保护工程恢复了古道，修复后的上香古道东起杨公堤卧龙桥与隐秀桥之间，西至龙井路茅家埠，成为寻幽访古、体验传统民俗的文化走廊。沿途栈道、石道、拱桥相互连接，并增设了"芳桂""清壑""靖云""总秀""凝紫""同心""一镜芳香""静趣同山""黛色参天""藏香阁""芳草晴阳"等十余座亭、阁和亭廊，供游人中途休息之用，同时也丰富了古道沿线景观。

芳桂亭、靖云亭和清壑亭

芳桂亭、靖云亭和清壑亭均为造型别致的茅草亭，是上香古道上一道另类的风景线。

芳桂亭为一座十六柱硬山顶木构亭，亭柱间设木制花格栏杆。亭匾由中国书法家协会会员、浙江省青年书法家协会理事来海鸿题书，两侧楹联内容为"几处茅亭分野竹；一湾秋水映流霞"，由中国楹联学会会员、浙江省诗词及楹联学会理事王企敖撰，蒋耿北书。

靖云亭为一座十六柱重檐硬山顶木构亭，亭柱间设木制花格栏杆。亭匾由浙江省青年书法家协会

靖云亭

副主席、杭州女书法家协会常务副主席季琳题书,两侧楹联内容为"入埠山光如泼翠;连湖水色似揉蓝",由中国书法家协会会员、浙江省书法家协会创作委员会委员林峰撰,中国书法家协会会员、西泠印社社员骆恒光书。

清壑亭为一座四柱攒尖顶木构亭,亭柱间设木制花格栏杆。亭匾由书法家王玉田题书,两侧楹联内容为"爽气一亭留远客;香烟十里忆当年",由王峥撰,浙江儒学学会会长张浚生书。

总秀亭

总秀亭位于"上香古道"中段、"通利古桥"旁,横跨在"上香古道"木栈道上,为一座十六柱硬山顶木构路亭,亭柱间设木制花格栏杆。

匾额"总秀"由中国书法家协会会员、浙江省书法家协会理事羊晓君题写,两侧楹联内容为"山远近,路斜横,惠风和畅;树参差,亭错落,朗月空明",由中国楹联学会理事、浙江省诗词与楹联学会顾问薄松涛撰,中国书法家协会会员任平书。

旁边的通利古桥建于清中叶前,当时香客去天竺、灵隐等寺,无论乘船至茅家埠,还是先乘船后步行至寺庙都会经通利桥至寺。桥为单孔石拱桥,长约14.5米,宽3.5米,纵联分节并列砌筑而成。2003年恢复古桥,作为一处展现古道历史风貌和传统民俗文化的景点。通利古桥现为杭州市文保点。

黛色参天亭

黛色参天亭位于"上香古道"上的"玉涧桥"下,为一座八柱重檐攒尖顶八边圆亭。

匾额"黛色参天"由浙江省委原书记、浙江省原省长李丰平题写,两侧楹联内容为"佳客联翩来古道;扁舟容与泛清波",由中国书法

黛色参天亭

家协会会员杜志强撰,西泠印社名誉副社长、浙江省书协顾问吕国璋书。

黛色参天亭建在水面一平台上,由木桥连接"静趣同山"亭廊,与"玉涧桥"下另一侧的藏香阁对应,相映成趣。

"玉涧桥"又名"玉建桥",为明代所建,曾在《徐霞客游记》中有记载:"桥甚新整,居市亦盛。"桥长29.1米,宽4.8米,为双孔石拱桥,桥墩迎水面作出分水尖,拱壁为纵联分节并列式砌法,现桥是在2003年"上香古道"修复过程中从桐庐县印渚镇丰收村按原貌迁移而来。

嘉木清苏亭

嘉木清苏亭位于茅家埠景区龙井路和梅岭北路交会口、西湖龙井茶叶有限公司大门旁,为一座四柱翘角攒尖顶钢砼结构亭,两侧亭柱间设长条坐凳。

匾额"嘉木清苏"由中国书法家协会会员、浙江省书法理论研究会副会长俞建华题写,两侧石柱上刻的楹联内容为:"龙井通四海;西湖连五洲。"亭前有一棵用石围栏圈着的茶树,旁侧立有一四方小

石碑，碑上写着"毛泽东主席采过的龙井茶树"。

亭中立有一块石碑，正面刻有"1963年4月28日毛主席采过茶叶的茶树。江华1997年5月"。碑文由浙江省委原第一书记江华手书。

背面刻文内容为："毛泽东主席和龙井茶。毛泽东主席于1962年、1963年两次在这棵茶树上采摘过龙井茶，当时毛主席一边采茶，一边乐呵呵地说：种瓜得瓜，种豆得豆，我们是种茶叶得茶叶喽。毛主席采下的茶叶制成干茶后，卫士用虎跑水为主席沏上一杯龙井香茶，主席呷了一口，高兴地说：龙井茶泡虎跑水，天下一绝。此茶树原在刘庄内，为了纪念毛主席对龙井茶和茶乡人民的关怀，经有关领导同意，于1997年4月28日，移栽到此。杭州西湖龙井茶叶公司，1997年7月1日立。"

山水有佳亭（醉白亭）

山水有佳亭位于茅家埠"醉白楼"附近临湖处，为一座四柱攒尖顶木构亭，柱间设坐栏。因临近醉白楼，故有"醉白亭"之称。

亭匾"山水有佳"由近代书画家何馥题写，两侧楹联内容为"飘渺花香浮岛屿；葱茏佳气护蓬莱"，由清代书法家张照题写。

亭临湖而建，面对杨公堤，周围草木茂盛，环境幽雅。临近的"醉白楼"，更是一个有故事的名楼。明末清初文学家张岱所著《西湖梦寻》卷三中有关"醉白楼"有这样的记载："杭州刺史白乐天啸傲湖山时，有野客赵羽者，湖楼最畅，乐天常过其家，痛饮竟日，绝不分官民体。羽得与乐天通往来，索其题楼。乐天即颜之曰'醉白'。在茅家埠，今改吴庄。一松苍翠，飞带如虬，大有古色，真数百年物。当日白公，想定盘礴其下。"明代著名书画家倪元璐有《醉白楼》诗："金沙深处白公堤，太守行春信马蹄。冶艳桃花供祗应，迷离烟柳藉提携。闲时风月为常主，到处鸥凫是小傒。野老偶然同一醉，山楼何必更留题。"

三台云水景区

于谦祠碑亭

于谦祠碑亭位于三台云水景区于谦祠内,为一座敞开式硬山顶木构亭。

碑亭匾额"碑堂"原为"碑亭",在2001年的于谦祠整修过程中,改成"碑堂",无落款。虽为"碑堂",形制为亭,实为碑石保护亭。两侧楹联内容为"忠骨瘗三台,湖山增色;宏图兴两浙,泉壤开颜",由中华诗词学会理事、浙江省诗词学会副会长张学理撰,中国书法家协会理事、西泠印社理事王冬龄书。

亭内有五块明、清两代的石碑——重修于忠肃公祠碑、重修明少保兵部尚书赠太傅囗安伯谥忠肃于公祠墓碑记、旌功祠碑记、旌功祠重修碑、重修忠肃于公墓记碑。

碑亭所处的于谦祠是杭州的一处重要的人文景观。于谦(1398—1457),字廷益,号节庵。官至少保,世称于少保,钱塘(今浙江杭州)人。明朝大臣、民族英雄、军事家、政治家,和岳飞、张苍水并称"西湖三杰"。

三台闲亭

闲亭位于三台云水景区内,近于谦墓,为一座六柱重檐攒尖顶圆亭。亭柱间设圆弧形封闭式围栏。它与"上香古道"处的"凝紫亭"十分相像,体量中等,亭柱细长,造型质朴。

亭无匾,但不知何故,文献资料上都称其为"闲亭"。其两侧楹联内容为"清风来六面；明月转三台"，由中华诗词学会会员、福建省诗词学会原理事余元钱撰，中国书法家协会评审委员会委员、浙江省书法家协会副主席兼秘书长赵雁君书。

华来境里亭

华来境里亭位于三台云水景区乌龟潭景域临水处，为一座十六柱硬山顶方草亭，外面八柱间设木制花格栏杆，亭内中央四柱间设长条木凳。

亭匾"华来境里"由清乾隆时书法名家桂馥题写。两侧楹联内容为"一庭花影三更月；十里松荫百道泉"，由清代著名书法家梅调鼎撰书。

亭前一池碧水，正对面是"永福桥"。永福桥始建于明弘治年间，原称安福桥。历经明、清数度重建，在清顺治十三年（1656）四度重建时改称"永福桥"。民国初再次重修时，其形制由拱桥改为斜托梁桥，即现在的三孔斜托石梁桥。桥全长约 27 米，桥墩用长方形块石叠砌。每孔两头各有 9 根石条作斜托柱，加上支撑桥面的 9 根石条，形成弓形桥洞，较为奇特。该桥原位于桐庐县横村镇深畈村庄头，已废，为了对古桥进行有效保护，2003 年，在西湖西进工程中，按原样重建于此。永福桥为杭州市文保点。

和泽三春亭

和泽三春亭位于三台云水景区乌龟潭景域临水处，为一座四柱攒尖顶方草亭，亭柱间设木制花格栏杆。

亭匾"和泽三春"由清代书画家戴熙题写，两侧楹联内容为"清风遇竹有生趣；流水娱人无尽期"，由清代学者、书画篆刻家陈豫钟撰书。

乌龟潭景区东靠杨公堤，西临三台山路，北至空军杭州疗养院，南到八盘岭路。该景区展示了西湖地区的典型自然地貌和湿地生态景观。它结合原有水塘，利用周边闲置农田拓展乌龟潭水面，通过修复的景行桥与西里湖相通，水岸采用纯自然式岸线，使周围山体自然浸入水中，水边多植水生湿生植物，以及中上层木本开花树木和浆果植物、蜜源植物，以吸

和泽三春亭

引鸟蝶，形成人与动植物和谐共生的自然湿地生物群落。水中设景观小岛，并以木曲桥与水岸相连，于水岸边筑茅草亭、茅草屋等能与湿地景观融为一体的景观建筑小品。乌龟潭有水港与浴鹄湾沟通，在眠牛山马鞍形山谷口临水设于谦祠码头，并设山门牌坊。该景区主要有于谦祠及永福桥两处景点。

舍香草堂亭

舍香草堂亭位于三台云水景区乌龟潭景域内，为一座重檐攒尖顶木构草亭，跨路而建于一平台上。

亭匾"舍香草堂"由清代书画家、篆刻家陈鸿寿题写，亭内有一对用草书题写的楹联，内容为"异花问我情犹笑；鸣鸟窥人意转闲"，由清代翁仰素撰书，此下联出自宋王安石的《寄友人三首》："水边幽树忆同攀，曾约移居向此间。欲语林塘迷旧径，却随车马入他山。飞花着地容难冶，鸣鸟窥人意转闲。物色可歌春不返，相思空复惨朱颜。"

舒云亭

舒云亭位于三台云水景区浴鹄湾景域内的一条游步道旁临水处，

为一座十柱歇山顶矩形亭，柱间设坐栏。

亭匾"舒云亭"由中国书法家协会评审委员会委员、浙江省书法家协会副主席兼秘书长赵雁君题写。临水一面另有一匾"山花如绣"，为集字额。前柱有楹联，内容为"同伴彩云归去；待邀明月相依"，由书法家、篆刻家王禔撰书。

舒云亭所在的浴鹄湾景域，东靠杨公堤，西临三台山路，北至乌龟潭景区，南到虎跑路。浴鹄湾湖面聚散开合，岸线曲折有致，经浚源桥及花港公园内水港与小南湖贯通。景域内有纪念黄公望的子久草堂、黄篾楼水轩、武状元坊、霁虹桥、三台梦迹等故迹，还建造了霁虹榭、飞虹廊、霁虹桥以及十几座亭、阁，恢复了本地区的自然人文环境。

诂经亭

诂经亭位于三台云水景区浴鹄湾景域内，为一座十二石柱歇山顶方亭。石柱较有特色，为多边形，顶端为木制，其下为钢筋混凝土制。

亭匾"诂经亭"由书法家、篆刻家郭云青题写，两侧楹联内容为"风月宜联句；林泉好释经"，由佚名撰，中国书法家协会学术委员会委员、浙江省书法家协会理事方爱龙书。"诂经"意为用当代的话解释古代学术文献。

诂经亭

草木自佳亭

草木自佳亭位于三台云水景区三台山路边,近于谦祠公交站,是由两座独立的攒尖顶茅草亭连接而成的一座十柱连体式茅草亭。亭柱间设坐栏。亭基较高,设有两出入口。

草木自佳亭

亭匾"草木自佳"由书法家沈立新题写,朝西亭口两侧亭柱有楹联,其内容为"面面树阴腾沧浪;坡坡花影惹绮思",由佚名撰,朱大焱书。

草木自佳亭是景区茅草亭的代表作,其形制独特,在西湖周边,也仅有"满陇桂雨"公园内有一个类似的无名亭,而茅草亭仅此一座。

霁虹亭

霁虹亭位于三台云水景区浴鹄湾景域北侧,为一座六柱翘角攒尖顶亭,亭柱间设坐栏。

亭匾"霁虹"由浙江省委原书记、原国务委员王芳题写,两侧楹联内容为"相约诗轩逢清霁;偶来画阁遇彩虹",由洪尚之撰,牟建闽书。

霁虹亭旁就是霁虹桥,是杨公堤进入浴鹄湾景区或三台梦迹景区的主要入口,由霁虹桥、霁虹榭、飞虹廊组成。这座桥采用并列纵节砌筑法建筑而成,看上去如同雨后飞虹卧波,蔚为壮观,而且该景点与黄篾楼、武状元坊、子久草堂、浴鹄轩等景点遥相呼应,成为杨公堤景区最曲折、最具起伏感的一处景观建筑。

羡鹄亭

羡鹄亭位于三台云水景区浴鹄湾景域内黄篾楼旁，为一座六柱重檐攒尖顶亭，柱间设坐栏。

亭匾"羡鹄亭"由周文清题书，两侧楹联内容为"共看云海一行字；独抱江湖万里心"，由佚名撰，沈立新书。

羡鹄亭

羡鹄亭紧连羡鹄轩，临水，近傍黄篾楼。黄篾楼位于三台山东麓，浴鹄湾南，张雨曾在这里构筑水轩，名叫"黄篾"。张雨（1283—1350），字伯雨，号贞居子，又号句曲外史，元代诗文家、词曲家、书画家、茅山派道士，钱塘（今浙江杭州）人。刘邦彦有一首诗说："春水初生浴鹄湾，篾楼高枕对青山。鸟声啼足忽飞去，门掩绿阴清昼闲。"该诗极为生动贴切地描绘了当时此地清幽宁静，充满自然野趣的风光。2003年西湖综合保护工程在浴鹄湾南侧重建黄篾楼和此亭，游人到此歇脚闲坐，静赏四周天然美景，可以唤起对往昔动人意境的美妙想象和感受。

东坡亭

东坡亭位于三台云水景区花家山庄内，是一座按宋代《营造法式》设计的仿宋风格的四柱歇山顶亭。亭内有尊高2.3米、头戴幞头、身披长袍、双手持笏的苏东坡石像。石像背后立有一块刻有《苏东坡亭铭并序》的石碑，详细介绍了苏东坡其人其事及建亭缘由。

亭匾"东坡亭"由时任中国佛教协会会长、中国书法家协会会长

东坡亭

赵朴初题写。石亭共有三副楹联,前柱楹联内容为"岷峨凌云掞天藻;江汉流汤驱砚涛",由原文化部副部长、著名作家周而复书,该联出自明代杨慎的诗《苏祠怀古》:"眉山学士百代豪,夜郎谪仙两争高。岷峨凌云掞天藻,江汉流汤驱砚涛。虎豹虬龙自登踞,鱿鳝狐狸休舞号。井络钟灵竟谁继,海若望洋增我劳。"后柱楹联内容为"垂老舍身依古寺;长留真相在西湖",由国家文物鉴定委员会副主任史树青撰,绍兴兰亭书会会长、浙江省文史研究馆馆员沈定庵书。石柱左右两侧另有楹联,左侧楹联内容为"雨奇晴好形容,到处追随有西子;海阔天高襟抱,何人旷达似东坡",由中国楹联学会常务理事、浙江省楹联研究会名誉会长王翼奇撰,中国书法家协会理事、浙江省书法家协会主席鲍贤伦书。右侧用篆体书写的楹联,于此处甚为贴切。右侧篆书楹联内容为"问今古杭州太守,有几人如公伟业;读西湖万首诗词,竟何曲睥睨群雄",由杭州市西湖申遗专家组组长陈文锦撰,中国美术学院教授、西泠印社执行社长刘江书。

　　亭内的东坡石像是在1996年花家山庄扩建时出土的,经国家文物鉴定委员会副主任史树青为组长的专家鉴定小组鉴定,石像雕造年代应是明代或早于明代,是迄今为止全国发现的惟一的苏东坡古代石像。1998年,在出土地建起了东坡亭以保护石像,当时全国人大常委会委员、著名历史学家毛昭晰,全国政协常委、浙江省人民友好协会会长沈祖伦出席了"东坡亭"落成仪式,并为"东坡亭"匾联揭幕。

子久亭

子久亭位于三台云水景区花家山庄子久湖旁,为一座六柱攒尖顶亭。

亭匾"子久亭"和两侧楹联均为佚名撰书,楹联内容为:"卧榻听香,静赏雅谷涤心池;临泉闻琴,慢烹虎跑梦泉水。"

亭前有一立石,上面

子久亭

刻有"子久湖",可见子久亭因子久湖而得名,而子久湖的取名则是为了纪念元代大画家黄公望。黄公望(1269—1354),字子久,是元代画坛著名的"元四家"之首,史书记载他聪敏绝伦,通百氏说,善画水墨,师法董源、巨然,运思落笔,气韵流动,富于变化,自成一家。黄公望好云游四海,一生浪迹江湖,曾在杭州赤山之阴的筲箕泉旁结庐隐居,故在2003年西湖西进工程时,在浴鹄湾筑建"子久草堂",而将花家山庄内的人工湖取名为"子久湖",以纪念这位中国绘画史上的杰出人物。其存世作品有《富春山居图》《九峰雪霁图》《丹崖玉树图》《天池石壁图》等。其中,最为著名的《富春山居图》是黄公望晚年隐居富春江时所作。此图描绘富春江两岸的初秋景色,是少有的流传至今的著名山水画,可惜已被烧成两段,后人分别名之《剩山图》和《无用师卷》。现《剩山图》藏于浙江博物馆,《无用师卷》藏于台北故宫博物院。

雅谷亭

雅谷亭位于三台云水景区雅谷山庄内,与花家山庄仅一溪之隔,

为一座四柱攒尖顶四方木亭,柱间设坐栏。

亭匾"雅谷亭"由佚名题写,无楹联。

雅谷亭附近立有一块刻石,上刻《雅谷泉记》,内容为:"西湖之泉不可胜数,然虎跑泉谓杭之圣水,雅谷泉与虎跑泉同出一脉,仅山南山北之别。论地势虎跑泉高雅谷泉低,故雅谷泉水量大,终年不竭。据《西湖游览志》所载,花家山花港所自出,高六十公尺。山谷中林木葱郁,石阶盘旋,溶洞幽幽,有泉水淙淙不息,经小溪涓涓流入湖池,弯曲迂回经通西湖。原中国最高人民法院院长江华探幽到此,独爱此泉,称之为雅谷泉。此泉,四季恒温18℃左右,含锶,偏硅酸溴碘锌硒和钼等三十多种对人体有益的微量元素,在地下密封的世界里悠悠几十年,方然冒出这鸟语花香、郁郁葱葱之花家山。步入其间涧流淙淙丝竹并作一泓,泠然入耳顿觉清凉,涧水溜玉清澈可鉴,甘洌异常,啜客为佳贮水与碗平以钱币渐入,满而不溢与虎跑泉水同其厚质。"

樟亭

樟亭位于三台云水景区法相弄的南高峰山脚下,为一座六柱攒尖顶木亭。亭置挂落,亭柱间设坐栏。

亭匾"樟亭"由中国书法家协会会员、浙江省书法家协会理事宋涛题写,无楹联。

樟亭的得名因其旁侧有一株唐代古樟。此唐樟树龄已达1070年以上,是杭州有记载的最老的香樟树。1917年,诗人陈三立来杭州,与友人一起为古樟捐款筑亭,并写下一篇《樟亭记》:

西湖之胜,可指而名者百数十,独法相寺旁古樟罕为游客所称说。丁巳九月,余与陈君仁先、俞君恪士过而视之,轮囷盘拏,中挺二干,状如长虹,待斗互峙,鳞鬣怒张者。度其年岁,或于白乐天、林君复、苏子瞻之时相先后,盖表灵山、偶古德而西湖诸胜迹所仅留之典型瑰物也。……然偃蹇荒谷

樟亭

墟莽间，雄奇伟异，为龙为虎，狎古今，傲宇宙，方有以震荡人心，而生其遁世无闷、独立不惧之感，使对之奋而且愧，则所谓不材者，无用之用，虽私为百世之师，无不可也。亭建于戊午（1918）某月，好事图其成者为金香严、朱沤尹、王病山、郑太夷、胡愔仲、蒋苏庵、陈仁先、夏剑丞、俞恪士及余凡十人。

这种"遁世无闷、独立不惧"的身世之感，是诗人在乱世中的内心写照。1937年，日寇攻陷北平，当时陈三立正在北平，在亡国的无望中，他选择了以绝食拒医的方式，以身殉国。他曾经在西湖边选定了墓址，准备百年后长留西湖。1948年，陈三立归葬西湖。

太子湾公园至雷峰塔一带

迎宾亭

迎宾亭位于杭州太子湾公园北门入口处附近,为一座四柱攒尖顶木构亭,亭柱间设长条木凳。

亭匾"迎宾亭"三字由蒋北耿题书,其两侧楹联内容为"佳城安在,帝业烟消,流水无奈斯人去;湾迹犹存,涟漪星散,青山依旧宾客来",由施奠东撰,骆恒光书。联中"佳城"指太子的陵墓。

迎宾亭所在的太子湾公园,东邻净慈寺及张苍水墓道、章太炎墓道,南靠九曜山和南屏山,西接赤山埠,北临小南湖,越水杉密林隔离带,跨南山路与花港观鱼公园相望。太子湾公园始建于1988年,因此处曾是南宋庄文、景献两位太子的欑园,故有太子湾之称,如今是融田园风韵和山情野趣的大型公园,也是杭城观赏郁金香和樱花盛景的绝好去处。

清婉亭

清婉亭位于杭州太子湾公园东侧望山坪附近的小坡上,为一座四柱攒尖顶木构亭。亭置挂落,亭柱间设长条凳。

亭匾"清婉亭"为佚名题书,其两侧楹联内容

清婉亭(洪涛摄)

为"曲水绕老桥,似说故园旧事;青松伴高屋,神游画里桃源",由刘延捷撰,施奠东书。

太子湾公园以园路、水道为间隔,将公园划分为东、中、西三块景区。清婉亭处在公园东区,此区域景区主要由望山坪、大风车、拂尘池、颐乐苑等组成。

拾翠亭

拾翠亭位于杭州太子湾公园"珠帘壁"瀑布上方、九曜山山麓,为一座六柱攒尖顶亭。亭置挂落,亭柱间设坐栏。

亭匾"拾翠亭"三字由宋涛题书,其两侧楹联内容为"山由天目飞来,南枕九曜,碧野千畴臻画境;水自钱江注入,北融西湖,长河一线贯京华",由施奠东撰,王小勇书。联中"山"指南屏山,"九曜"指九曜山,"长河"指京杭大运河。

拾翠亭的东侧有一登山游步道可至南屏山、九曜山直至山顶九曜阁,其西侧则是"珠帘壁"瀑布刻石,太子湾公园的精到之笔就在于利用引水工程明渠改建的平面形状多样化的水体,园之生动灵活赖以全出,形成了诸如珠帘壁、琵琶洲、翡翠园、逍遥坡、玉鹭池、颐乐苑、太极坪等景点。

放怀亭

放怀亭位于杭州太子湾公园中部,为一座四柱攒尖顶茅草亭,毛杉木屋架。

亭匾"放怀亭"三字由赵征宇题书,与之连接的是挂着题名为"入画"匾额的长廊。"入画"二字集颜真卿字,其两侧楹联内容为"廊引花间路;亭招水里山",由刘延捷撰,潘美华书。

放怀亭建于1990年,临水而建,前接草坪,后倚南山,左挹疏林,右流曲水,视野开阔,因而得名"放怀"。

悠然亭

悠然亭位于杭州太子湾公园中部琵琶洲北侧临水处，为一座六柱攒尖顶木构亭。亭置挂落，内设圆弧形条座。杉树原木为柱，茅草覆顶，古朴别致。因高踞冰梅石砌地坪之台基上，面对南山而立，故名"悠然"。

亭匾"悠然亭"由陈进书，其两侧楹联内容为"倚篱细数花开早；拄杖闲看云起时"，由王其煌撰，蔡云超书。

悠然亭建于1990年。地处太子湾中部，中部景区以琵琶洲与翡翠园为主景点。琵琶洲高高隆起，翡翠园参差毗接，两者相连相倚而成丘陵地，一如九曜、南屏两山自然逶迤而至的余脉，西湖引水工程之明渠经此穿越公园。

运木古井亭

运木古井亭位于杭州南山路著名古刹净慈寺"济公别院"内"济公殿"前，为一座四柱攒尖顶方亭。

亭匾"运木古井"四字由杭州市佛教协会副会长、杭州净慈寺方丈戒清法师题写，亭无楹联，实为保护亭。

亭内有"运木古井"一口，又称"神运井"，旧名"香积井"。据《净慈寺志》记载，五代后周显德元年（954），厨内就有一口井，名为"香积井"，"广纵约二丈余"，井水甘甜，常年不涸。后因济公运木而改名为"运木古井"。

运木古井亭所在的净慈寺为我国著名佛教寺院，

运木古井亭（洪涛摄）

背靠南屏山，由五代吴越忠懿王钱弘俶于后周显德元年（954）为高僧永明禅师而建。净慈寺初名慧日永明院，南宋建炎二年（1128）改为净慈禅寺。西湖十景之一"南屏晚钟"的得名就源于净慈寺悠扬的钟声。

净祖亭（如净禅师塔亭）

净祖亭位于杭州净慈寺后山东侧，为一座四柱攒尖顶钢砼结构亭。

亭匾由永平谛法题写，石柱上刻有一副楹联，其内容为："直指当下本无相；彰显祖德示铭恩。"

亭内有座如净禅师灵塔。如净禅师（1163—1228），南宋人，曹洞宗第十三代祖，两度来杭住净慈寺。圆寂后亦葬于净慈，至今墓塔犹存。其主要著作有《如净禅师语录》与《天童遗落录》。嘉定十六年（1223），日僧道元入宋求法，尽得如净所传，归国后创立日本曹洞宗，并奉如净为始祖。

"南屏晚钟"御碑亭

"南屏晚钟"御碑亭位于杭州南山路净慈寺山门前，为一座六柱攒尖顶亭。亭内立有清康熙帝御题的"南屏晚钟"碑，以木栏围护。

亭无匾，亭柱上刻有多副楹联，是西湖十景御碑亭中楹联最多的亭子。楹联内容分别为："塔影圆明清净地；钟声响彻夕阳天"，"平湖印月开宗镜；远树来风度晚钟"，"石上留天语；钟声洗佛心"，"蒲牢鸣八百；尘梦醒三千"。

"南屏晚钟"御碑亭

"南屏晚钟"为著名的西湖十景之一,此景名关联两个景点,即南屏山及其北麓的净慈寺。南屏山位于西湖南岸,是九曜山东部分支,山体自西南向东北延伸,连绵起伏如屏,因此得名南屏山。旧时南屏山下寺庙众多,其中最为有名的就是位于其北麓的净慈寺,为五代吴越忠懿王钱弘俶于后周显德元年(954)创建。"南屏晚钟"因南屏山净慈寺傍晚的钟声意境而为时人所传、被宫廷画师所选,乃至被帝王御题,最后成为著名的西湖十景之一。

乾隆诗碑亭

乾隆诗碑亭位于杭州净慈寺前、南屏晚钟御碑亭西侧,为一座四柱攒尖顶亭,犄角设石制护栏。

亭无匾,无楹联,为诗碑保护亭。亭内立有御碑,为乾隆帝四次游西湖时所题写。碑正面为辛未年(1751)题诗:"净慈

乾隆诗碑亭

掩映对南屏,断续蒲牢入夜声。却忆姑苏城外泊,寒山听得正三更。"其背面为乙酉年(1765)题诗:"月色罘罳清映屏,南风岂得夜钟声。时巡展义真由旧,政化无烦在屡更。"御碑左侧为丁丑年(1757)的题诗:"湖山四面画为屏,合有钟声警众声。唐宋至今诸物改,霜天惟此未曾更。"御碑右侧为壬午年(1762)的题诗:"绣峰南面正开屏,净色兼之发净声。我听未能息诸虑,宵衣问政惕深更。"乾隆四首题诗有个共同点——所用的韵脚都是"屏、声、更",可见乾隆帝对这处景观的偏爱了,且在同一个景点有两座御碑亭,这在西湖周围的景点中实属罕见。

"雷峰夕照"御碑亭（夕照亭）

"雷峰夕照"御碑亭位于杭州雷峰塔景区夕照山上，为一座重檐八柱攒尖顶亭。亭内立有"雷峰夕照"碑石，以木栏围护。

"雷峰夕照"御碑亭又名"夕照亭"，是西湖景区十座御碑亭中形制最为高大的一座御碑亭。亭匾"夕照亭"由陈振濂题书，有楹联两副，前柱楹联为行书体，内容为"风月最相宜，我欲弄舟，划开秋水千重碧；桑榆犹未晚，谁同登塔，撷取夕阳一片红"，由苏振学撰，杨西湖书；后柱楹联为篆体，其内容为"灵秀所钟，在于山水；夕阳之美，胜似朝暾"，由尚佐文撰，陈大中书。

清《西湖志》卷九中提到的"雷峰夕照亭"位于雷峰上，为康熙三十八年（1699）圣祖仁皇帝御题十景时所建，已非现亭。如今亭内所立御碑为2002年重立，阳面题书"雷峰夕照"，碑阴为丁丑年（1757）乾隆春游西湖时御题的诗："峰峰夕照都奇绝，十景惟斯最擅名。所惜堵波登未得，付他高矗晚霞横。"

"雷峰夕照"为西湖十景之一，"雷峰"即夕照山中峰，北宋林和靖曾作《中峰》诗："中峰一径分，盘折上幽云，夕照前村见，秋涛隔岭闻。"说及"雷峰"必然会关联到"雷峰塔"，只因雷峰塔与白娘子的传说家喻户晓。雷峰塔为吴越国王钱俶因黄妃得子而建，初名"皇妃塔"，因建于雷峰，后人多称"雷峰塔"。雷峰塔于1924年倒塌，如今所见之塔为2002年竣工落成，为八面、五层阁楼式塔，沿袭了宋塔的风格。

"雷峰夕照"御碑亭（夕照亭）

吴山景区

拱北亭

拱北亭位于杭州吴山风景区伍公山上，为一座六柱攒尖顶木亭，亭柱间设坐栏，花格封底。

亭匾由中国书法家协会会员、浙江省书法家协会副秘书长王自力题写，亭柱无楹联。

若从鼓楼旁的"伍公山"门亭上山，在蹬道左侧的平台上就会看见此亭。拱北亭在清光绪年间的《吴山伍公庙志》卷首中就有记载，后因战乱被毁，如今所见为 2006 年所建。

拱北亭所在的伍公山是吴山的重要支峰，山上建有"伍公庙"，是为纪念春秋时吴国大夫伍子胥而建。《史记》记载：伍子胥被赐死后，浮尸江上，吴人怜其忠，立祠江上。历史上伍公庙屡毁屡建，清乾隆帝曾赐伍公庙匾额"灵依素练"，在清咸丰时期，伍公庙毁于太平军兵火，如今所见伍公庙为清代遗存，2006 年伍公庙进行了大修，基本维持了清代格局，为三开间、四进的建筑布局，2015 年 9 月 28 日被列为杭州市文保点。

有美亭

有美亭位于杭州吴山风景区东岳庙南、古树"宋樟"旁，为一座六柱攒尖顶木亭，亭柱间设坐栏。

亭匾"有美"由浙籍书画家严文俊用篆体书写，前柱有一副描写吴山、钱塘江景色的楹联，其内容为："山峰高下抽青笋；江水东西卧白云。"此联出自蔡襄《重阳日有美堂南望》诗，其全诗为："越邑吴封绣错分，华堂繁吹半空闻。山峰高下抽青笋，江水东西卧白云。菊蕊芬芳初应节，松林照耀欲迎曛。州人不见归时醉，未拟风流待使君。"此联由中国书法家协会国际交流委员会委员、西泠印社社员戴家妙书。

有美亭建于吴山之上是怀古吴山的"有美堂"，历史上关于吴山"有美堂"有如是记载：北宋嘉祐二年（1057），宋仁宗皇帝派梅挚以龙图阁学士、尚书、吏部郎中出任杭州知州，为鼓励上官下调，赐诗《赐梅挚知杭州》为其送行，全诗为："地有吴山美，东南第一州。剖符宣政化，持橐辍才流。暂出论思列，遥分旰昃忧。循良勤抚俗，来暮听歌讴。"梅挚为谢恩宠，于是根据"地有吴山美"在吴山选址，筑建了"有美堂"，梅挚也确实不辜负仁宗所期，为官清正廉洁且政绩卓越，写下被誉为"官家药石"的《五瘴说》，用简短的文字概括为官从政者必须恪守的规矩，《五瘴说》如今被刻在吴山城隍庙前仪门台基的石墙上。可惜有美堂毁于南宋初战乱，不过宋仁宗的赐诗，梅挚的《五瘴说》，欧阳修的《有美堂记》，苏东坡的《有美堂暴雨》《有美堂赠述古》等名篇还是为历来吴山之美留下了念想。

侣山堂纪念亭

侣山堂纪念亭位于杭州吴山风景区粮道山路南侧、杭州博物馆对面的斜坡上，为一座十二柱矩形卷棚歇山顶木构亭。亭柱间设坐栏，花格封底，体量较大。

亭无匾，有两副抱柱楹联，南侧的内容为"丹灶烟浮，仁术久传金匮秘；青囊春暖，惠风长驻侣山堂"，由俞建华撰书。"金匮"是指东汉名医张仲景所著的《金匮要略》，"青囊"代指中医。北侧楹联内容为"讲医论道开先河，学术可圈可点；著述研经创新例，文章能鉴能书"，由竹剑平撰，蒋北耿书，此联点出了侣山堂在历史上的重要地位。

纪念亭正中竖有一碑石，其阳面石刻内容自右向左为"杭州历史上最早的中医药学术场馆""侣山堂旧址""浙江省中医药学会　丁亥年春　张承烈敬题"，张承烈原为浙江省医学会会长、胡庆余堂名医馆馆长、浙江省卫生厅厅长。碑石阴面镌刻着"由杭州市上城区人民政府、杭州市园林文物局于二〇〇七年十二月八日共题"的纪念文。

侣山堂原址在吴山风景区粮道山路，曾为我国历史上著名的医学讲习场所。明末和清代，杭州形成了著名的集诊疗、讲学与研究为一体的"钱塘医派"。"钱塘医派"以卢之颐、张遂辰为开山鼻祖，以张志聪、张锡驹为中坚力量，侣山堂是他们的主要活动场所，建筑毁于清乾隆年间。如今原址已建他物，建侣山堂纪念碑亭是为纪念著名的"钱塘医派"，他们坚持办学论道、著书立说，培养了不少的医学专家。

中国财税博物馆开馆碑亭

中国财税博物馆开馆碑亭位于杭州吴山广场山麓的中国财税博物馆内，为一座四柱翘角十字脊铜亭，由铜领域大师朱炳仁建造。

亭匾"开馆碑亭"无落款，亭前柱有一楹联，内容为"缅怀艰维起步变抽象为具象；重视挑战未来化方寸成大千"，由中国财税博物馆首任馆长翁礼华撰，财政部原部长项怀诚书。亭内立有《中国财税博物馆建馆记》碑及两口宋代古井。

中国财税博物馆开馆碑亭

开馆碑亭所在的中国财税博物馆是国家级的专业博物馆，收藏各类财税历史相关文物和文献资料近万件，博物馆现有财富中国、中国古代财税历史、中国近现代财税历史、中国当代财税历史、中国会计历史五个展厅。

吴山天风碑亭

吴山天风碑亭位于杭州吴山风景区城隍阁景点内，为一座十四柱重檐盘龙歇山顶木构亭。

亭无匾，两侧抱柱楹联内容为"湖影长堤分内外；江流全浙划东西"，出自清代大臣、诗人、学者沈德潜的《吴山大观》诗"千尺峰头策杖藜，大观台榭俯丹梯。玲珑石窦邻仙窟，璀璨龙章拱玉题。湖影长堤分内外，江流全浙划东西。凭高无限苍茫意，一抹遥山指会稽"，此联由中国书法家协会会员、浙江省书法家协会理事宋涛书。

吴山天风，为新西湖十景之一，碑亭内碑石上的"吴山天风"四字由当代著名书法家费新我书。当西湖还是一个浅海湾时，吴山和与之相对的宝石山就是这个海湾的两个岬角。春秋时期，这里曾是吴国的南界，所以冠以吴山之名。南宋绍兴年间，山上迁建了城隍庙，因香火兴盛，杭城百姓将"吴山"又称作"城隍山"。自古吴山景致被世人所推崇，明代"吴山十景"已成；清雍正期间，"吴山大观"列入"西湖十八景"；清乾隆时，"瑞石古洞"与"吴山大观"并列"杭州二十四景"；在1984年的"新西湖十景"评选中，"吴山天风"再次入选。如今，吴山遗存的古迹有麻曷葛剌造像、宝成寺、感花岩、伍公庙、瑞石洞、诸多摩崖石刻……

九野澄平亭

九野澄平亭位于杭州吴山风景区著名的十二生肖石的上方，为一座四柱攒尖顶木亭，体量较大。

亭匾"九野澄平"由刘正成题书，两侧楹联内容为"观潮望海，远通世界；左江右湖，美甲东南"，由翁闿运撰书。

据史书记载，九野澄平亭原是火德庙旧址的一部分，火德庙始建于南宋时期，是当时有名的大庙，清雍正六年（1728），浙江总督李卫在此建亭，当时亭额为"巫峡峰青"，后毁于战乱。此亭于二十一世纪初城隍阁景区建造时重修，改名为"九野澄平"。

明朝时有两位名人曾在当时的火德庙西爽阁借宿过。一位是明代著名的文学家、书画家徐渭，晚年时曾借住于此，留下了很多和吴山有关的诗篇；另一位是明末清初著名画家陈洪绶，自幼天资颖异，善诗词，工书法，于是来杭学画，被当时杭州一代大家蓝瑛赏识并收入门下，清兵入关后，迫于生计只能借住于火德庙，也留下了不少他的作品。

四宜亭

四宜亭位于杭州吴山风景区四宜路吴山入口处，为一座六柱矩形斜坡顶石亭。

亭无匾，在六根石柱上刻有三组楹联，其内容分别为："放怀听流水；小坐数行云"，由蒋作藩撰书；"水色山光，年年

四宜亭

月月；松声鸟语，暮暮朝朝"，由蒋天牧题；"岭外孤帆风上下；湖边双塔影参差"，由松舟题。

据《杭州坊巷录》记载，四宜亭曾经是个过路凉亭，且在此可以欣赏山景和湖景，可谓四季相宜，四方相宜，故得名"四宜亭"。石阶从亭内经过，两边设有石凳，可供上山的人歇脚小憩，当时又称"步步高"。"四宜路"也因此得名。

四宜亭所在的四宜路，在南宋时被称为"郭婆井巷"，内有知名的"郭婆井"，一井十眼，传说为晋代郭璞所凿，清代戏曲家李渔赞其"美泉"。郭婆井与龙井泉、虎跑泉、玉泉、吴山泉等五泉，并称为杭州圣水。在2002年整治此路时发现南宋恭圣仁烈杨皇后宅遗址，这是全国首次发现的保存完好的南宋时期古代园林遗址，因此被列为2002年我国十大考古发现之一。

此亭历史久远，在清初就有记载，如今的亭子为民国时期修建。四宜亭虽然简朴，但形制特殊，年代较为久远，但亭至今保存较为完好，富有浓郁的文化气息，为吴山重要历史文化遗迹。此亭于2013年被杭州市人民政府列为杭州市市级文物保护单位。

坐忘亭

坐忘亭位于杭州吴山风景区石观音阁旧址旁，为一座六柱攒尖顶木亭，柱间设坐栏，花格封底。

亭匾"坐忘"由蔡云超题书，两侧楹联内容为"夜半文光射北斗；朝来爽气挹西山"，由清同治庚辰进士、著名诗人王承煦撰，陈威遐以篆书体书写。

坐忘亭旁的石观音阁旧址，于2013年12月公布为杭州市市级文物保护单位。石观音阁旧址建筑为十九世纪末至二十世纪初倚山而筑的四合院，院内有一观音洞，洞内岩壁镌一观世音像，旁有若干小造像，因年代久远，风化严重，不易辨认。观音阁旧址后还有一"不二泉"。

感花岩亭

感花岩亭位于杭州吴山风景区千年古刹——宝成寺上方、瑞石洞北侧、石观音阁南侧，为一座四柱攒尖顶半亭。

亭匾"感花岩"三字由周国城题写。亭中间两柱有一组楹联，其内容为"花落春风一弹指；人如玉局千秋知"，为旧联，由张索书。

感花岩亭

其中的"玉局"，原为棋盘的美称，此处暗指苏东坡，因苏东坡曾任玉局观提举一职。此联与亭内崖壁中间的苏东坡题诗相呼应。

亭依崖壁而建，后方嵌入山体，用以保护摩崖上的题诗石刻，亭形似展翅之鸟。亭内摩崖题刻有四：其一，摩崖中间题刻内容为苏东坡的《留别释迦院牡丹呈赵倅》，全诗内容为："春风小院却来时，壁间惟见使君诗。应问使君何处去？凭君说与春风知。年年岁岁无穷已，花似今年人老矣。去年崔护若重来，前度刘郎在千里。熙宁壬子芳春吉旦东坡题"；其二，摩崖中间上方"感花岩"三字，为明代朱术珣据拓本重刻；其三，摩崖两侧纵向刻有"岁寒""松竹"四字，为明代吴东升书；其四，"岁寒"右上方有落款为"前度刘郎"的题刻"千里是南华，由来祖释迦。吾师何所德，留得牡丹花"。此处摩崖石刻历经百年仍然清晰可见，感化岩刻诗于1986年4月被列为杭州市市级文物保护单位。

江湖汇观亭

江湖汇观亭位于杭州吴山风景区七宝山之巅，为一座十六柱八角重檐攒尖顶亭，两层仿木钢砼结构，中置回旋式转梯至二楼，二楼外设回廊。

亭匾有二，亭正面的"江湖汇观"由唐云题书，其背面悬挂的"凌虚独步"

江湖汇观亭

匾由尉天池题书。底层亭柱悬挂有四组楹联，其内容分别为："八百里湖山，知是何年图画；十万家烟火，尽归此处楼台"，由徐渭撰，孟庆甲书；"山水幽寻，逸兴应穷溪壑美；江湖胜揽，高怀更豁海天宽"，由王翼奇撰书；"湖色西来开玉镜；江光东走见银涛"，为旧联，由马世晓书写；"红尘不到真佳境；白鹤重来更几时"，为旧联，由华人德书。

江湖汇观亭建于1980年，处吴山至高点，于二楼凭栏远眺，钱塘江、西子湖及杭城风貌尽收眼底。北宋欧阳修曾经留下这样的赞美之词："邑屋华丽，盖十余万家，环以湖山，左右映带"，"山水登临之美，人物邑居之繁，一寓目而尽得之"。

钟翠亭

钟翠亭位于杭州吴山风景区"三茅观"旁，为一座六柱攒尖顶木构亭，柱间设坐栏。

此亭为明万历年间司礼监孙隆所建，董其昌书额，后圮。现亭建于2008年。前柱两侧楹联内容为"一涧落花春水漫；数峰残照野云闲"，为清代书画家赵以文诗句,由徐利明书。

钟翠亭旁边的"三茅观"看似不起眼的小院子,但是在它下面埋藏的是久远的历史。2008年,在三茅观遗址考古发掘清理中,发现了上下两组叠压的建筑遗址,上层为明清,下层为宋朝,发现有正殿部分柱础基石、三个神龛基座、中殿的铺地砖,还有偏殿、墙基和茅房等的遗存。如今考古发掘处暂时布置成了遗址公园。该遗址在南宋时是香火旺盛的"御前十大宫观"之一的三茅宁寿观,是道教中符箓派(符水道教)圣地,几乎占了整个七宝山头,在陆游"坊远不闻宫漏声,三茅钟残窗欲明"的诗句中可见其钟声已然成为皇宫和附近官民的报时钟。

叠泉亭

叠泉亭位于杭州吴山风景区双叠泉旁,山道石阶从亭内经过,为一座四柱攒尖顶路亭,亭两侧柱间设坐栏。

亭匾"叠泉亭"三字系集宋代书法大家黄庭坚字,其两侧楹联内容为"峰头白鹤仙人路;松下朱幡太乙坛",由李式玉撰,潘教勤书,描绘的是道家仙境。

离双叠泉不远就是吴山风景区内著名的"石佛院",即吴山仁王寺。《咸淳临安志》中《寺观·开宝仁王寺》记载,开宝仁王寺"在七宝山,先是东京开宝寺,有仁王院。僧慧照大师法晔随驾南渡,绍兴五年,奏请权建于七

叠泉亭

宝山，主大内祈禳事"。可见仁王寺当时是皇帝的御用佛事寺院。院内最醒目是石壁上五代吴越国时期的三龛五尊大石佛，其中间的一龛有三尊立佛，最高的居中主尊为阿弥陀佛，高度六米有余，为吴越国时期开凿。石佛院造像于1992年1月被列为杭州市市级文物保护单位。

白鹿亭

白鹿亭位于杭州吴山风景区紫阳山东麓白鹿泉旁，为一座十二柱攒尖顶亭，亭犄角处设条石长凳。

亭匾"白鹿亭"系集宋代大书法家米芾字，亭柱无楹联。

白鹿亭因旁边的白鹿泉而得名。相传南宋绍兴年间内侍刘敖入道修真，建通玄观之时，梦鹿得泉，便有了"白鹿泉"之名，后泉涸、观废，旧迹不存。清代有道人在通玄观旁，重凿一泉，复名"白鹿泉"，即为今所见之"白鹿泉"。

云影亭

云影亭位于杭州吴山风景区云隐洞前、白鹿亭上方，为一座六柱攒尖顶木亭，柱间设坐栏。

亭匾"云影亭"三字系集唐代著名书法大家褚遂良字，两侧楹联内容为"崖间风满松自响；洞口人无鸟独来"，为旧联，张旭光书。联中"崖""洞"是指云影亭后的山崖及云隐洞。

云影亭后方的山崖下有"云隐洞"，云影洞上方及旁侧留下了曾经隐居于此的隐士们的石刻："我来海国三千里，君在蓬莱第一峰"，"云隐洞"，"别有天"，"风云前江雨，花木后岩春。云山氏"，"三光聚处真明见，一点灵时夺化工。云山氏"，"半壁玲珑通造化，一轮明月照前川。烟波氏"。

西湖的亭

浙江体育会摩崖题记保护亭

浙江体育会摩崖题记保护亭位于从四宜路上云居山的游步道旁，为一座斜坡钢筋混凝土结构亭，设护栏。

此亭无亭匾，无楹联，其作用主要是保护亭内的石刻文字。

刻石坐西朝东，石刻内容由四部分组成：岩壁左上刻"云山万古"四字，由时任浙江省政府的督军兼省长吕公望所题，为行书。岩壁右上刻"贞固"二字，为楷书，落款为"仙居王荦题"。岩壁中间分上下两组，上部石刻内容为"中华元年，浙江体育会成立，圣水寺僧大休捐山地，王君湘泉赠山岩供摩崖用，因题四字，以志不忘。永康吕公望记，宁海叶颂清书"，为行书，是原光复会浙江军政要人朱瑞、吕公望、叶颂清等于1912年秋瑾遇难五周年时，在杭州举办纪念会并重建其当年倡导的体育会时留下的记录；下部刻"逸趣"二字，为行书，落款内容为"中华民国四年学勤撰，大休朱以德书并识"。

革命先驱在浙江绍兴创办了体育会，原是我国近代史上体育组织的先声，后来又成为他们用以组织革命力量、推翻清朝统治的有利斗争工具，在辛亥革命史上留下了浓重的一笔。中华新纪元伊始，那些革命人不忘先烈遗志，重新成立浙江体育会，并勒石留下了"浙江体育会摩崖题记"，石刻题记起到了永志不忘的作用。此外浙江体育会的成立和运作，还推动了"浙江体育专门学校"的建设，以及浙江省中等学校第一届联合会操、浙江省中等学校第一次联合运动会、第四

浙江体育会摩崖题记保护亭

届全国运动会等的相继举办，实质性地推动了浙江体育的发展，乃至我国近代体育事业的普及和发展。

此处石刻于 1989 年 12 月被列为浙江省省级文物保护单位。

积义亭

积义亭位于杭州吴山风景区云居山峰，为一座八柱重檐歇山顶钢砼结构亭，亭柱间设长条凳。

亭匾"积义亭"由朱关田题写，八根亭柱均挂有楹联，其内容分别为："亭危独揽江湖秀；潮退孤回天地青"，由苏渊雷撰书；"东海西湖留正气；吴山越水仰英风"，由戴盟撰，沈定庵书；"沧海擒龙，生为人杰死为烈；云上立马，左揽湖光右揽江"，由张学理撰，马世晓书；"听岭间松咏似雨非雨；看天际江横无潮有潮"，由叶一苇撰，吕迈书。由于亭所处的位置距云居山烈士纪念碑很近，所以楹联内容以缅怀英烈为主题。

云松亭

云松亭位于杭州吴山风景区云居山上，为一座四柱歇山顶钢砼结构矩形亭，柱间设长条凳。

亭匾"云松亭"三字由杭州市原政协副主席商向前题写，亭柱挂有两副楹联，一副楹联内容为"杳杳江天，看秋隼盘空，缅怀已往；粼粼湖水，听春莺啭树，欣喜方来"，王斯琴先生撰，俞建华书。另一副楹联内容为"四围松径分青霭；千古丰碑绕白云"，蒋杏沾撰，李伏雨书。

浙江陆军监狱牺牲烈士纪念亭

浙江陆军监狱牺牲烈士纪念亭，位于杭州吴山风景区云居山南、

浙江陆军监狱牺牲烈士纪念亭

车道转弯处，为一座四柱攒尖顶钢砼结构亭，亭柱间设坐栏。

亭匾"浙江陆军监狱牺牲烈士纪念亭"由沙孟海题写，亭柱上挂有两副楹联，一副内容为"国步衰危，激起多少拏云志士；湖山萧穆，萦回万千壮烈忠魂"；另一副楹联内容为"碧血化洪涛，荡尽钱塘千载恨；丹心耀赤帜，迎来西子四时春"，皆由张学理撰，郭仲选书。

纪念亭内竖立一纪念碑，其正面为陈云题写的"死难烈士永垂不朽"，背面为苏渊雷先生撰写的《浙江陆军监狱牺牲烈士纪念亭碑记》。

纪念亭是为"浙江革命烈士纪念馆"配套而建，在1927—1937年间，在国民党的浙江陆军监狱里曾有包括四任浙江省委书记和代理省委书记、十四位省委常委、三十二位县委书记在内的一百五十四名共产党员在此牺牲。而浙江陆军监狱原址并非在此，而在如今望湖宾馆的位置。监狱始建于1912年，是在前清的按察史司狱署旧址上建的，也是南宋大理寺的旧址。望湖宾馆紧靠庆春路人行道附近，如今还竖立着一块写着"浙江陆军监狱旧址"的长方形石碑。

凤凰山景区

节义亭

节义亭位于杭州万松岭路万松书院西侧山麓，为一座四柱攒尖顶亭。

亭匾"节义亭"三字由陈进书写，无楹联。

节义亭

节义亭是清同治年间钱塘县令为纪念京师书生崔升夫妇而建，亭内立有一块碑石，阳面刻有"双节义"三字，阴面为重建碑记。清代俞樾《春在堂随笔》有记载："万松岭有双吊坟，闻祈祷有验，香火甚盛。癸酉春，余至敷文书院，访同年杜莲衢侍郎，乃过其地。因坟为屋，塑男女二像。门外一碑，载其大略曰：嘉庆间，有崔升者，京师人。携其妻陈氏来杭州，落魄不能归。或有以夫妇两全之说进者，陈不可。后益穷困，同投环死。钱塘令哀而葬之，并建亭曰'节义'。夫匹夫匹妇，固穷守志，至死不移，事固可风矣……"原亭旁有"双吊坟"，但在1958年亭和坟俱毁，如今的节义亭是根据俞樾《春在堂随笔》中的记载于2002年9月重建的。

可汲亭

可汲亭位于杭州万松书院平台西侧、近观音堂，为一座六柱攒尖顶木亭，亭顶覆草，柱间设弧形便凳。

亭匾"可汲"二字由王渊题写，无楹联。据明代田汝成《西湖游览志》记载："在书院右方上为月岩，下为圭石，中有四亭，曰振衣，曰可汲，曰依云，曰见湖。秀石巉岩，青苍玉削，累累然若芙蓉之未舒，隐见草莽者，不可胜记……"可见可汲亭历史久远，如今的可汲亭为重建物。

见湖亭

见湖亭位于杭州万松书院西侧的半山坡上，为一座八柱矩形歇山顶亭，亭柱间设坐栏。

亭匾和楹联各有二：亭匾"见湖"，由杨西湖题书，其两侧楹联内容为"水气山风齐送爽；湖光人影两相怜"，由吴仲谋撰，陈为民书；亭匾"湖山萃秀"为乾隆四年（1739）乾隆帝御题，沈立新重书，其两侧楹联内容为"环山皆秀色；临水自清心"，由费之雄撰书。见湖亭和可汲亭一样，亭子本身虽非旧物，但都具有历史渊源。

颜乐亭

颜乐亭位于杭州万松书院大成殿前左侧，为一座四柱攒尖顶木亭。

亭匾"颜乐亭"三字由王冬龄题书，其两侧楹联内容为"陋巷箪瓢，安贫乐道；尼山几席，立己达人"，由欧阳诚撰书。联中的典故都出自《论语·雍也》："贤哉，回也！一箪食，一瓢饮，在陋巷，人不堪其忧，回也不改其乐""夫仁者，己欲立而立人，己欲达而达人"。联中的"尼山"指孔子。

明刑部尚书洪钟曾撰文有记载："……偏左有亭三间，匾曰'颜乐'……又于前右建亭三间，匾曰'曾唯'，以对颜乐亭……"，由此可推测颜乐亭与曾唯亭的落成年代。不过如今所见的颜乐亭是在二十一世纪初重建的。亭内立有碑石，为清康熙御题"浙水敷文"碑，是对浙江教育风尚的高度褒扬，因此万松书院一度更名为"敷文书院"。

曾唯亭

曾唯亭位于杭州万松书院大成殿前右侧,与颜乐亭相对,为一座四柱攒尖顶木亭,其形制与颜乐亭同。

亭匾"曾唯亭"三字由鲍贤伦题书,其两侧楹联内容为"论学而允推三省;传里仁唯数一参",由吴冠民撰,卢乐群书。联中"学而""里仁"分别是《论语》中的第一篇和第四篇,"一参"指曾参。

亭内立有碑石一块,为清乾隆御题敷文书院诗,其内容为:"松冈回首望祇园,讲舍层阶喜得门。气助湖山钟远秀,道传孔孟有真源。清游只欲心无逸,名教何非乐所存。嘉尔青衿真济济,嗣音实行勉相敦。"曾唯亭和颜乐亭一样,也是在二十一世纪初恢复"万松书院"时重建的。

观风偶憩亭

观风偶憩亭位于杭州万松书院东侧山坡上,为一座四柱攒尖顶观景亭,柱间设坐栏。

亭匾"观风偶憩"由来海鸿题书,其两侧楹联为"坐怜彩蝶微风处;静看青山小憩时",由徐弘道撰书。

观风偶憩亭初为雍正年间浙江巡抚朱轼所建,并题匾"玩心高照"。清雍正四年(1726),时任浙江巡抚李卫在重修书院时改匾为"观风偶憩",二十一世纪初在恢复万松书院时重用此名。

凤凰亭

凤凰亭位于杭州城南凤凰山之巅,为一座十六柱八角重檐攒尖顶、两层仿木钢砼结构亭,中置回旋式转梯至亭二层,二楼外设回廊。

亭匾"凤凰亭"三字由马世晓题书,底层亭柱有一楹联,其内容为"山瞰江湖天地小;气连吴越古今雄",由蔡文生撰,来仲棣书。

凤凰亭的形制与杭州吴山上的江湖汇观亭十分相似,而且都处在

凤凰山景区

凤凰亭

两山至高点,观景视野较好,北望西子湖,南眺钱塘江,东瞰城隍阁,西观将台、玉皇山。

提到凤凰亭不得不提及凤凰山,不仅因为凤凰亭地处凤凰山巅,更重要的是吴越、南宋在杭建都时,其皇宫御苑都建在凤凰山一带,这里是吴越文化和南宋文化的发源地和聚集地。山上古迹遗址众多,南宋皇城遗址、南宋修内司窑遗址、圣果寺遗址、梵天寺经幢、栖云寺、月岩、报国寺、凤凰池、郭公泉……还有众多的摩崖石刻等等,这些共同孕育了杭州的地方文化。

青霭亭和松涛亭

青霭亭位于杭州城南凤凰山东坡山麓、宋城路入口的上山游步道旁，为一座四柱悬山顶木构亭，柱间设坐栏。

亭匾"青霭亭"由骆恒光书，其两侧抱柱楹联内容为"花含春意洽；石戴古皴奇"，为乾隆题圣果寺旧联，由羊晓君书。

经青霭亭上行的游步道旁，另有一座六柱攒尖顶木构圆亭——松涛亭。亭匾"松涛亭"三字由沈立新题书，其两侧抱柱楹联内容为"半空虚阁有云住；六月深松无暑来"也是原圣果寺旧联，由宋涛书。青霭亭与松涛亭都是2020年在凤凰山东南麓整治工程时始建，于2021年建成。

松涛亭

青霭亭与松涛亭所挂楹联都为古圣果寺旧联。圣果寺又名胜果寺，隋文帝开皇二年（582）始建，后毁于战乱；唐昭宗乾宁年间，元著文喜禅师重建；五代吴越国时，钱镠在石壁上镌刻"西方三圣"及十八罗汉；北宋初期改名为胜果寺；南宋皇室南渡，圣果寺改为殿司衙；至南宋末、元至正年间寺院彻底被毁；明洪武年间重建，明嘉靖倭寇入侵被焚，后由僧正因重建，于天启年间毁圮；清初寺院逐渐恢复，乾隆三十二年（1767）弘历游览圣果寺，曾题"江湖广览""澄观堂"两匾额，后寺庙建筑毁于清咸丰太平天国运动时期；至日军侵杭后仅存禅房十余间，至1958年仁善禅师去江西云居山修持，寺遂湮没。根据杭州市文物考古研究所对圣果寺遗址进行的考古调查及初步研究，圣果寺的范围"东至笤帚湾大街，南至月岩山冈、钱塘县界，西自慈云岭上、钱塘山界直至北一带山砥。北至本隅四图、孔子书院及官山届。寺产方圆二里许"，可见当初圣果寺之规模。2017 年杭州启动了南宋皇城区域内圣果寺遗址周边环境整治工程，青霭亭和松涛亭都是整治工程的成果之一。

御书亭

御书亭位于杭州城南凤凰山东麓、圣果寺遗址处，为一座悬山顶半亭，亭顶塑有两龙头，以示皇家风范，其前两柱立于平地，后两柱依山崖而立，是摩崖石刻——"忠实"的保护亭。

亭匾"御书亭"三字为沈立新题书，无楹联。

亭内的摩崖石刻"忠实"为宋高宗赵构于绍兴十七年（1147）以楷书所题，落款无存，仅留下一个让人想象的坑，所幸明代夏时正著《成化杭州府志》、清丁敬编著《武林金石记》、清阮元编《两浙金石志》等书均有对此处石刻的记载，此题刻为现存宋代御书题刻之精品，具有极高的历史、文化和艺术价值。

松云亭

松云亭位于杭州玉皇山北麓的北观音洞前，是一座六柱钢砼结构木屋架攒尖顶亭，亭柱间设坐栏。

亭匾佚名题，其两侧楹联为"紫气绕深窒，昔日曾留高士迹；彤云栖曲径，今朝再现盛时容"，由王其煌撰，羊晓君书。

松云亭旁是北观音洞，北观音洞由三个天然岩洞组成，历朝为附近百姓朝拜祈福之地。无寺无佛像，体现的是"我心有佛，佛在我心"的意境。洞四周树木苍郁，环境幽静，与山南的南观音洞遥相呼应。

玉皇山景区

慈云岭石亭

慈云岭石亭位于杭州玉皇山慈云岭老玉皇宫门前，为一座六柱攒尖顶石亭，亭柱间以长条石凳相连。

石亭无匾无联，却因其地处慈云岭四岔路口，充分发挥着它原始的作用——供四方游客歇息。

慈云岭石亭

石亭正对老玉皇宫，亭旁有两处摩崖石刻——"忠孝廉节"和"乾坤一望"，"忠孝廉节"书者为清康熙癸酉年（1693）某巡抚，因石刻风化严重，具体姓名已不可辨；石刻"乾坤一望"的落款为"西淙洪珠书"，在慈云岭游步道旁有与之相同文字的一石刻，落款为"嘉靖壬辰秋蒲人洪珠书"。

涉岙亭

涉岙亭位于杭州玉皇山盘山公路半山腰，为一座六柱钢砼结构攒尖顶亭，亭柱间设长条凳。"涉岙亭"原在玉皇山登山道旁"萝卜岙"小溪右侧，现亭已非旧亭，仅沿用旧名。

亭匾"涉岙"由王梦庚题书，其两侧楹联内容为"亭倚玉龙迎凤起;坐看湖月听潮声",由费之雄书。联中"玉龙""凤"分别指玉皇山和凤凰山。此联与玉皇山南天门上的一副楹联"亭倚玉龙迎风起;坐看湖月听涛声"只差两字,即上联的"凤"和下联的"涛",意境却截然不同。

樱花地闲亭

　　樱花地闲亭位于杭州玉皇山半山腰的"樱花地"景点,为一座八柱平坡顶木亭,木亭呈L形,亭柱间设长条木凳。

　　亭无正匾,亭内有一匾——"造物堪诗",由吴舫题书。L形凸处两柱上有楹联一副,其内容为:"沧海清江共今古;黄花红叶杂秋冬。"此联出自南宋诗人王铚《九月二十七日与客游龙山》诗,全诗内容为:"野服芒鞋步步同,天寒酒薄客情浓。身如萍水同千里,路入烟萝更几重。沧海清江共今古,黄花红叶杂秋冬。暝云自与千峰合,送人归鞍寺寺钟。"此联由何来胜书。

　　此亭地处玉皇山南坡古道往上的山腰处的樱花地,而樱花地为玉皇山古六十四景之一,清末民初始有,当时的玉皇山福星观主持者李理山(紫东道人)曾花费巨资拓道观、修山路、筑山房、筑亭叠石,开紫来洞,辟太极园,山林景色大为改观。福星观四周林木环植,远望如仙人之蓬头,故有"山顶蓬头"之称。七星亭、七星缸四周,包括现樱花地区域内,环植樱花,盛开之际,如锦绣帷幕。2008年夏秋,管理单位又重新整治梳理了樱花地景点,局部恢复了樱花地景观。

七星亭

　　七星亭位于杭州玉皇山半山腰著名的七星缸景区七星缸旁,为一座八柱攒尖顶亭,亭柱间设长条凳。

　　亭匾"七星亭"由顾宏以篆体题书,其两侧石柱上刻有一副楹联,其内容为"七星缸、八卦田、紫来洞天,皆神工奇构;东浙潮、西湖景、龙山胜迹,极武林大观",由李理山撰,朱其石以篆体书。联中"龙山"指玉皇山。

此亭地处七星缸景区,此景区在玉皇山紫来洞东北角,由七星缸、七星亭、

七星亭

七星岩、一片云和洞天、福地等组成。据记载,此亭建于民国初年,其旁有一洞口,洞口前方原有清雍正年间铸造的七只圆筒形铁铸水缸,按照北斗七星排列,名曰"七星缸"。据《重修七星缸记》碑记载,旧时杭城火患频频,前人信形家之言,谓玉皇山山势如龙所致,乃铸缸七口,置于玉皇山紫来洞东北角,以镇火龙,消除火灾。可惜七星缸毁于1968年,故以"七星"名亭。

天真亭

天真亭位于杭州玉皇山支脉天真山上,为一座六柱斜坡式硬山顶木构亭,向阳面设有坐栏,靠山边三根亭柱倚石而立。

匾额"天真亭"三字集米芾字,亭无联。清末时期,有道士感于路人日晒雨淋之苦,募化资金修建凉亭,并摩崖为记,只是原亭不存,如今的"天真亭"为2008年重建,是路亭,更是一侧摩崖石刻的保护亭。

保护亭内的石刻有两处:其一为竖行"天真山"石刻,无落款,有书提及此为清阮元题,只是根据字体判断,尚无文献或其他佐证材料;其二为民国曾永寿书天真山修路亭记,曾永寿为时任陕西省楼观台道长,根据落款"己未夏"知年代为1919年夏天。石刻文字因风化而显

模糊，据《杭州凤凰山摩崖萃编》一书记载，石刻文字经拓片后识别内容为："天真山有三益道人何教彬□厌世出家在山数年积功累行修凉山路成身退遂拙一律以赠之淡泊尝□见圣年三乘道法下乘先凉亭创结登临便山路提境界全妙果欲求□八百玄但愿备三千闲来□□人间不啻尔因后日缘　己未夏　柯扶疏撰　曾永寿书"。

江湖慰眼亭

江湖慰眼亭位于杭州玉皇山南坡、吴越郊坛遗址处，为吴越郊坛遗址保护廊亭。

亭匾"江湖慰眼"由徐本一题书，其两侧楹联内容为："移来槛外烟云，适开新境；就此眼前山水，犹见故人。"此联出自清

江湖慰眼亭

王惟诚题桂林独秀峰五咏堂联，原联为："造物本无私，移来槛外烟云，适开胜境；会心原不远，就此眼前山水，犹见故人。"此联由华人德书。

吴越郊坛，又名拜郊坛、登云台，建于后梁龙德元年（921），是吴越国王钱镠祭天的场所。现存遗址占地约2000平方米，分两层，在两层平台上，散布多处历代遗迹，如灵化洞、登云洞、朱天庙洞、甘露井、午梦床及多处摩崖题刻。吴越郊坛遗址为研究吴越国的历史发展及其郊祭仪制提供了实证。遗址现为浙江省省级文物保护单位。

天龙寺香亭

香亭位于杭州玉皇山南麓天龙寺内，为一座四柱歇山顶钢砼结构亭。

亭匾"香通三昧"由宋涛题书，两侧楹联内容为"莲座庄严，来护天龙八部；慈云暖犍，虔闻钟呗千年"，由俞建华撰书。

香亭所在的天龙寺始建于北宋乾德三年（965），为吴越国王钱弘俶所建，并延请镜清禅师住持；北宋大中祥符元年（1008），改额"感业"；南宋建炎三年（1129）天龙寺焚于火，后重建；南宋绍兴十三年（1143）郊坛初建时，作为郊祭时百官随从的临时住所。元、明、清历代屡有毁建。现天龙寺建筑为现代仿建，但建寺之初所镌刻的三处造像仍保存得较为完好，是西湖南山摩崖造像的一部分，与飞来峰造像同为全国重点文物保护单位。

玉皇飞云碑亭

玉皇飞云碑亭位于玉皇山盘山公路尽头，为一座四柱钢砼结构木屋架攒尖顶亭。

亭无匾，前柱有楹联一副，内容为"万壑烟云浮槛出；半天松竹拂窗来"，由梁章钜撰，沈鹏书。梁章钜（1775—1849），字闳中，福州人。曾任江苏布政使、甘肃布政使、广西巡抚、江苏巡抚等职，是坚定的抗英禁烟派人物，当年积极配合林则徐严禁鸦片，是一位政绩突出、深受百姓拥戴的官员。晚年从事诗文著作，在楹联创作、研究方面的贡献颇丰，被人们称为楹联学开山之祖。

此亭建于1988年，亭内立有一块由王蘧常先生题写的"玉皇飞云"景碑，碑亭所在的玉皇山，山体挺拔高耸，山顶常有云雾飞绕，因此得名。

杭州植物园一带

爱鸟亭

爱鸟亭位于杭州植物园牌坊后的小山坡上，为一座六柱攒尖顶木构亭。其攒尖顶被设计为一只飞鸟，格外引人注目。

亭匾"爱鸟亭"由杭州书法家湛青题写，两侧抱柱楹联内容为"以天地之心存心，以山河之气养气；以松柏之节砺节，以生命之命立命"，由中国香港吴方笑薇撰，湛青书。吴方笑薇是一位"中国民间环保的现代布道者"，2000年获"联合国环境规划署全球500佳"荣誉称号，同年被国家环保总局聘为"环境使者"，2003年获香港特区政府授予"铜紫荆勋章"。后柱上另有一组抱柱楹联，其内容为"爱护鸟兽蛇蛙；珍惜林水草花"，由潘宏耕撰，吴富民书。潘宏耕，浙江杭州人，是位有名的"环保老人"，他从二十世纪六十年代起就坚持从事爱鸟护鸟工作，40多年来一直坚持向人们宣传爱鸟护鸟及环境保护的知识，受到了人们的尊敬和有关部门的肯定，中央电视台、《人民日报》、《中国环境报》等国家级媒体和省市媒体多次对他的事迹进行了报道。

此亭由潘宏耕老先生捐资而建。2001年春，潘宏耕先生荣获第五届"地球奖"，老人悉数捐出奖金贰万，建亭宣传，保护生态。

每年的4月，是山花烂漫的季节，也是鸟类繁衍的季节，因此《世界保护益鸟公约》规定每年的4月1日为"国际爱鸟日"，全国各城市也有自己设立的"爱鸟周""爱鸟月"等特殊日子，以期达到宣传、普及爱鸟护鸟的目的。

拾遗珠处亭

拾遗珠处亭位于杭州植物园东北角的玉泉景区，为一座硬山顶钢砼结构亭。此亭与匾额为"山水园"的另一座建筑紧连在一起，构成了一个形制特殊的建筑群。

亭匾"拾遗珠处"由西泠印社理事蒋北耿书写，两侧楹联内容为"云巢古木千章秀；花吐芳池一镜香"，落款为稚存洪亮吉。洪亮吉（1746—1809），字君直，一字稚存，江苏阳湖（今江苏常州市）人，祖籍安徽歙县。清代大臣、经学家、文学家，毗陵七子之一。

南北朝时，曾有小说《拾遗记》，其中除记录异事珍闻外，还有蓬莱、昆仑等灵境仙山的叙述。故后人亦将游赏特优美而往往被人忽视的胜境称为"拾遗珠"。山水园位于杭州植物园东北角，位置相对偏远，没有玉泉景区其他地方那样人迹喧杂，但其浸润弥漫着钟灵毓秀的山水美学，令人流连忘返，此为亭名"拾遗珠处"之由来。

碧莹亭

碧莹亭位于杭州植物园核心景区玉泉内，为一座四柱攒尖顶木构小亭。此亭玲珑小巧，一后柱杵于池塘，无意间成了游人亲水、戏水之地。

亭匾有二，南侧的"碧莹亭"由中国书法家协会副主席、浙江省文联副主席陈振濂题书，北侧的"片霞弦月"匾额由杭州书画家何水法题书。"碧莹亭"匾两侧楹联内容为"未若此间乐；安知我非鱼"，由王荦撰联。王荦（1867—1937），浙江仙居人，清末秀才，擅书法，1906年加入同盟会，1908年到杭州从事对清军的策反工作，1912年创办《新浙江潮》并任主笔，历任浙江省第三届议会议员、浙江省体育会会长、浙江省实业厅秘书主任等。此联由中国书法家协会理事、浙江省书法家协会副主席王冬龄书。

碧莹亭地处公园核心景区玉泉内。玉泉为杭城著名的三大泉源之

一，且历史悠久。《咸淳临安志》卷三十八载：玉泉"南齐建元末，灵悟大师昙超开山说法，龙君来听，为抚掌出泉。今龙祠前有小方池，深不寻丈，清澈可鉴，异鱼数百，泳游其中"。淳祐八年（1248），临安赵安抚增筑二池。元末，寺毁而泉仍在。《西湖游览志》卷九："皇明宣德间，置白纸局，就池造纸，湆浊久之，局废，而泉复洌矣。旁一小池，水翠绿，虽以白粉投之，亦成绿色。"嘉靖间，郡守陈仕贤建亭于泉池之上。清代，泉水清澈，泉源充沛。今泉池长20米，宽10米，深约1米，蓄青鱼、红黄白各色鲤鱼等数百尾。1950年后，因附近辟深水井，天然泉源消失。

如鱼得水亭

如鱼得水亭位于杭州植物园玉泉景区南院的一个临池平台上，为一座八柱硬山顶钢砼结构矩形敞亭，亭柱间设长条座，以砖砌矮墙支撑。

亭匾"如鱼得水"由兰亭书会会长、浙江省书法家协会顾问沈定庵以隶书题书，两侧的抱柱楹联内容为"鳞中大隐，庄书王画；山外清涟，乐咏颠题"，由杭州国际城市学研究中心客座研究员洪尚之撰，郭仲选书。上联出自乾隆《清涟寺》诗："清涟山里寺，泉石胜其余。坐近琉璃沼，言观翡翠鱼。噞喁花涌浪，泼剌玉溅裾。游客欣初见，山僧道不如。旧曾见王画，可以悟庄书。无虑投竿者，鳞中大隐欤。"下联中的"乐"指白居易（字乐天），"颠"指释道济（济颠），两人都有关于玉泉的诗作。

玉泉景区有南北两院。北院，建于二十世纪六十年代，院内有一个长约20米，宽约10米的玉泉池，池内蓄养百余尾五色锦鲤和大青鱼，是著名的观鱼胜地。如鱼得水亭所在的是玉泉南院，建于二十一世纪初。2001年，市政府对此地居民进行动迁，拓展了玉泉景区，于是有了南院。院内凿就一方水塘，并设有如鱼得水亭、碧莹亭、清乐堂、闲定轩等仿古建筑，将南院营造成曲桥流水、修竹挺秀、古木参天的自然野趣之境地。

灵峰亭

灵峰亭位于杭州植物园青龙山半坡、灵峰探梅景区内，为一座四柱攒尖顶木构亭，柱间设坐栏。

亭匾"灵峰亭"由中国书法家协会会员、杭州市书法家协会理事沈炳题书，两侧抱柱楹联内容为："格高香世界；韵胜锦官城。"由清戏曲理论家、文学家李调元撰，中国长江书画院副院长、中国工艺学会理事王军书。下联取自杜甫《春夜喜雨》诗："好雨知时节，当春乃发生。随风潜入夜，润物细无声。野径云俱黑，江船火独明。晓看红湿处，花重锦官城。"

灵峰亭

灵峰亭的上山道旁有一"灵峰植梅碑记"景石，刻有《灵峰植梅碑记》，其文如下：

西湖北山有灵峰者，自晋室开山迄今已历一千五百余年。尝闻宋诗曾赋玲珑影，明人复筑听泉亭。其植梅赏梅，酒朋寓会，渊源可溯，与西溪、孤山鼎足而立。自清固恪公父子济美于前，周梦坡诸君补缀于后，终始绿萼降葩，掩映于苍松翠柏，令蕊疏香，芳馥于胜，流觞咏也。奈流光荏苒，至清末民初，国事蜩螗，民生凋敝，寺圮僧逍，树萎泉枯，灵山胜景荡然无遗，无复盛时芳容矣。上世纪五十年代初，也曾植梅数百株，然管理荒疏，竟又致芜秽。幸一九八六年后，政府有嘉猷，园文固力行，遂有春序入月、梅林草地、香雪深处、灵山餐秀、园之呈现。噫,胜地灵气复苏,梅花傲雪重光。喜世纪翻新页,茂绩传盛世。赖西湖综保工程之展开,乃有景观、内涵、品味之提升。五余载妆点经营,于二百五十亩之区植梅花、腊梅七千余,品种亦臻一百六十之多。其碧潭疏影、曲水流春、瑶台香云、玉蕊檀心、庾岭老友、七星古梅、翠羽珠玑、品梅宝典、青芒红实、梅林撷芳之十景,已纷纷然、施施然于泉林蓊郁、泉流清冽之苍山下也。早开迟谢,品多种繁,二梅争艳,四季撩人。洵是灵峰香雪真成海,点缀湖山第一园。今跋数语,聊申雅意,勒诸碑石,以志盛事耳。

漱碧亭

漱碧亭位于杭州植物园青龙山北麓、灵峰探梅景区内,为一座六柱攒尖顶木构亭。亭临湖而建,柱间设坐栏,花格封底。

亭匾和楹联各有二,其一为"漱碧",落款为"完白山人",两侧楹联内容为"山仍夕照醉红叶;湖剩寒波泛白鸥",由清画家、诗人秦敏树撰联,民建中央书画院院士、浙江省文史研究馆馆员潘美华书;其二为"泻湖浇花",由中央文史

漱碧亭

馆书画院研究员、上海中国书法院院长周志高题写,两侧楹联内容为"梅开期月至;鱼跃顾人来",由中国青年作家学会副主席、国家二级作家俞宸亭撰联,中国书法家协会会员、中国楹联学会会员蔡云超书。此亭建于1987年。

云香亭

云香亭位于杭州植物园灵峰蜡梅园处,为一座五柱攒尖顶钢砼结构梅瓣形亭。云香亭原为茅亭,1991年改建成钢砼仿杉木梅瓣形亭。三面置青石弧形坐栏,另两面接园路,因高踞"灵峰探梅"外景梅林之中,故而得此亭名。

云香亭

亭匾和楹联各有二,其一为"云香亭",由中国书法家协会会员、西泠印社社员李文采题写,两侧抱柱楹联内容为"何处流泉生石上;有人鸣玉下云中",由元末明初政治家、文学家刘基撰,中国美术学院书法系书法理论教研室主任、中国书法家协会国际交流委员会委员戴家妙书;其二为"百花魁",由西泠印社首任社长吴昌硕题书,两侧抱柱楹联内容为"梅萼已看迎腊吐;涧泉犹是带冰流",由周诗撰,赵征宇书。

云香亭所在的蜡梅园,种植30余个品种共1200多丛蜡梅,是极好的观梅之地。

香雪亭

香雪亭位于杭州植物园的灵峰探梅"品梅苑"内,为一座四柱攒尖顶木构亭,柱间设长条木凳,以砖砌矮墙支撑。

亭匾"香雪亭"三字集颜真卿字,两侧抱柱楹联内容为"铁石梅花气概;山川香草风流",为旧联,佚名书。

香雪亭所处的"品梅苑",是灵峰探梅景区的一处主要景观。品梅苑内聚集了灵峰梅花之精品,更有垂枝梅、大绿萼、龙游梅、杏梅等稀有的梅花品种。在品梅苑有一特色长廊,廊内有关于梅花品种、食用价值、历史文化等科普知识介绍的展陈,并将"赞梅轩""朧仙馆""破腊传春""别有春"等建筑连接在一起。品梅苑内另有一处值得一看的地方是"百梅图",位于品梅苑西侧的一处围墙上,陈列了名人名家所书的"梅"字,有唐代的李世民、颜真卿、柳公权,宋代的赵佶、苏东坡、米芾、陆游,明代的王宠、文徵明,清代的乾隆、石涛、吴昌硕及现代的毛泽东、齐白石、梅兰芳、沙孟海等。

白亭子

白亭子位于杭州植物园灵峰探梅景区内、灵峰山"奶娘坟"东,为一座八柱攒尖顶钢砼结构亭,亭柱间设坐栏。

亭无匾,因亭身均为白色,而俗称"白亭子"。在两亭柱上有"中华民国岁次壬申春三月"及"徐学盛,徐学章,许韶鸣,善建立纪念"文字,推知此亭应建于1932年4月前后。亭柱有两组楹联,其一为:"无限风光环去路;且留绿影畅游踪",另一副为"江水远环千嶂外;晴漪近抱一湖中",无落款。在另一亭柱上镌刻有"灵峰供佛偈",估计当年灵峰寺还比较兴隆,且昔日此处可观钱塘江及西湖景。

白亭子西侧有一座建于民国二十年(1931)"奶娘坟",系广东清远县人所建,至于何人所建、是否与亭子有关联已难考证。

白亭子

掬月亭

掬月亭位于杭州植物园灵峰探梅景区深处，为一座八柱歇山顶矩形木构亭，柱间设长条木凳。此亭建于1987年，因其右侧平台下有"掬月泉"，故名掬月亭。

掬月亭

亭匾"掬月亭"由中国书法家协会顾问、中国散文诗学会副主席旭宇书，两侧抱柱楹联内容为"莫对青山谈世事；此间风物属诗人"，由黄文中集句并书。上联"莫对青山谈世事"出自元好问《与冯吕饮秋香亭》诗："庞眉书客感秋蓬，更在京尘颏洞中。莫对青山谈世事，且将远目送归鸿。龙江文采今谁似，凤翼年光梦已空。剩著新诗记今夕，樽前四客一衰翁。"而下联"此间风物属诗人"出自苏轼《蜡梅一首赠赵景贶》诗："天工点酥作梅花，此有蜡梅禅老家。蜜蜂采花作黄蜡，取蜡为花亦其物。天工变化谁得知，我亦儿嬉作小诗。君不见万松岭上黄千叶，玉蕊檀心两奇绝。醉中不觉度千山，夜闻梅香失醉眠。归来却梦寻花去，梦里花仙觅奇句。此间风物属诗人，我老不饮当付君。君行适吴我适越，笑指西湖作衣钵。"

亭后柱另有一副抱柱楹联，其内容为"流水悟禅机，砭耳松风僧洗钵；空亭忘世事，沁心梅月客横琴"，由王礼仁撰联，骆恒光书。

亭中有一块清道光二十五年（1845）刻石，高约150厘米，宽约90厘米，厚约20厘米。碑文较模糊，为当年镇守杭州的副都统固庆将军拨资重修寺院并亲自撰文，历叙灵峰寺的兴衰经历，即《重修西湖北山灵峰寺碑记》。

洗钵池廊亭

洗钵池廊亭位于杭州植物园灵峰探梅景区，是形状呈"凹"形的廊亭。

亭匾有三，"洗钵""灿若烟霞"与"香自幽谷"，分别位于廊亭的中部和两端，匾额"洗钵"落款处写有"古洗钵池无款□□□为后晋□山僧伏□光洗钵处新置轩廊别具情趣□□跋"，其两侧楹联内容为"心印悟从六祖师前偈；水流参透三生石上禅"，由杭州市诗词楹联学会名誉会长、胡雪岩研究会副会长王其煌撰，中国美术学院副教授、中国书法家协会会员沈乐平书。匾额"灿若烟霞"与"香自幽谷"均由书法大家吴昌硕书。

亭前的洗钵池为一约50平方米的长方形池，始建于后晋开运年间，为泉水汇集处，是古代僧人们洗钵和放生之池。洗钵池隔绿地对面是眠云堂和笼月楼。

洗钵池、掬月泉、来鹤亭等为古"灵峰寺"遗存。1600年前，天竺僧人慧理将佛教带来杭州，在飞来峰左右连建"灵隐""灵峰"等五寺，后晋开运年间吴越王在此建了"鹫峰禅院"；北宋治平二年（1065），宋英宗又改赐额"灵峰寺"，以北山灵峰寺为北天竺，与灵隐西天竺相呼应。只不过，灵隐寺一直香火炽盛，而灵峰寺则时废时兴。清道光年间，镇守杭州的副都统固庆还拨资重修寺院，并在寺中立碑《重修西湖北山灵峰寺碑记》，此碑石现尚立于掬月亭内。民国年间，灵峰寺日见衰败。抗日战争杭州沦陷时，寺毁。二十世纪五十年代初，仅存断墙残壁与洗钵池、掬月泉、来鹤亭等遗迹。

来鹤亭

来鹤亭位于杭州植物园灵峰探梅景区，经掬月亭旁侧游步道可达，为一座四柱攒尖顶木石亭，石柱木椽，给人以古朴敦厚之感。

亭匾"来鹤亭"集苏轼字。四根亭柱上，分别以篆书、隶书、楷书、行书刻就六副楹联，其中三组均为南浔周庆云自撰楹联："占得灵峰十笏地；分来孤屿万梅花"，为自书；"此地还宜招鹤伴；隔湖常看渡鸥来"，由俞彬蔚书；

来鹤亭

"踞鹫岭，傍桃源，面芝坞，小筑茅亭，是林峦最幽处；曲江涛，吴山云，西湖月，生成画本，极宇宙之大观"，由蒋汝藻书。另外三组楹联分别为："放鹤故应笑坡老；观梅何必问逋仙"，由杨士燮题书；"高亭临极巅，无数云山供点笔；皓月出林表，才有梅花便不同"，由刘锦藻集句，叶为铭书；"信足梅笑地；放眼湖连天"，为佚名题书。

来鹤亭初建于宣统二年（1910），为周庆云所建。周庆云（1866—1934），字景星，号湘龄，别号梦坡，浙江吴兴南浔人，清末民初著名的大实业家和民族资本家，为抗衡外货和外国资本入侵作出了一定贡献。他还精于书、画、金石和收藏，金石书画家吴昌硕，国学家沈涛园、朱古徵、王文濡等均为他座上客。作有《西湖灵峰寺志》4卷、《莫干山志》13卷等方志。宣统元年（1909）为西湖灵峰补植梅树300株，以复咸丰时杨蕉隐所绘《灵峰探梅图》景观，还建补梅庵，疏掬月泉，筑掬月亭，树来鹤亭，葺罗汉廊和庋经室……原亭于1964年被毁，如今的来鹤亭为2001年在原址按原貌重建。

浣香亭

浣香亭位于杭州植物园水生植物区（蔷薇园）内，为一座四柱悬

山顶木构亭,左右两侧设坐栏。

亭匾"浣香"落款为春源书,两侧抱柱楹联内容为"翠竹不沾花外雨;红鱼划破水中天",由清代书法家、文学家王文治撰。王文治(1730—1802),字禹卿,号梦楼,江苏丹徒人。清乾隆二十五年(1760)进士,授编修,擢侍读,官至云南临安知府。工书法,以风韵胜,得董其昌深髓,与梁同书齐名。擅画墨梅,韵致卓绝。著有《梦楼诗集》《赏雨轩题跋》。

浣香亭所在的"濯锦园",是植物园在2018年兴建的一个景点。唐末五代徐寅《蔷薇》中写道:"朝露洒时如濯锦,晚风飘处似遗钿。重门剩著黄金锁,莫被飞琼摘上天。"以"濯锦"之名代指蔷薇(园)的。园内建筑主要由东侧的"拾趣楼"、西侧的"莹净楼"、南侧的"留芳楼",北侧的"淑景晴光楼"构成。

灼灼其华亭

灼灼其华亭位于杭州植物园西部的水生植物区(蔷薇园)的一水

灼灼其华亭

塘边，为一座悬山顶重檐斜坡木构亭，亭柱间设坐栏。

亭匾"灼灼其华"由浙江省文史研究馆馆员、西泠书画院特聘画师潘美华书。"灼灼其华"出自《诗经·周南·桃夭》："桃之夭夭，灼灼其华。"亭内的一副抱柱楹联内容为"缉裳荷轻，补屋萝密；碧梧秋晚，红杏春深"，由吴昌硕以隶书题书。由于这款楹联书法功底厚重，联语意境深切，所以流传较广。

灼灼其华亭所在的水生植物区（蔷薇园），东邻青龙山，西接瑞云山，北依灵峰，总面积约 21 公顷，于 2018 年建成。园内兴建了樾香苑、濯锦园等仿古建筑，有大小不一的水域多处，配以水生植物和蔷薇科植物，如芦苇、鸢尾、菖蒲、荷花、睡莲及樱、桃、梅、海棠等，是一处颇有特色的植物园。每至夏季，满塘荷花绽放、晚霞铺天之时，眼前的景致可谓名副其实的"灼灼其华"。

灵隐路及灵隐景区

玉兰亭

玉兰亭位于杭州灵隐路 13 号、"双峰插云"御碑亭附近的"云松书舍"内,为一座六柱攒尖顶木亭,亭柱间设坐栏。

亭匾"玉兰亭"三字由俞建华题书,其两侧有楹联内容为:"桃花影落飞神剑;碧海潮生按玉箫。"此为集句,由石君一书。此联出自金庸小说《射雕英雄传》。

玉兰亭所在的"云松书舍"为香港著名人士查良镛(金庸)先生出资兴建。书舍由"耕耘轩""玉兰亭""松风明月楼""赏心斋"和"听松亭"等楼台廊榭建筑组成。"云松书舍"大门横匾由汪道涵书,其两侧楹联内容为"飞雪连天射白鹿;笑书神侠倚碧鸳",由金庸自撰,邬西濠书。此楹联囊括了《飞狐外传》《雪山飞狐》《连城诀》《天龙八部》《射雕英雄传》《白马啸西风》《鹿鼎记》等十四部金庸所著武侠小说的书名。

"云松书舍"是按江南特有的庭院风格建筑的,白墙乌檐,左右回廊,庭前有池,其建筑布局包括了山、池、岛、花、石、亭、厅、阁、假山……1996 年"云松书舍"建成后,金庸先生将其捐赠给杭州市人民政府。如今,金庸先生虽已作古,但他的作品以及其对杭州的深情厚谊将永存。

"双峰插云"御碑亭

"双峰插云"御碑亭位于杭州灵隐路、洪春桥公交站附近,为一座六柱钢砼木构攒尖顶亭，亭柱间设长条凳，于1959年灵隐路改道时迁建。

亭无匾，无楹联。亭内立有"双峰插云"御碑，以木栏围护。原碑为清康熙三十八年（1699）康熙帝巡游西湖时御题"双峰插云"，于康熙四十二年（1703）勒石而立。乾隆十六年（1751），乾隆帝巡游西湖，在"双峰插云"御碑上又题诗，只是原碑已毁。现碑为二十世纪七十年代按原碑大小摹刻重立。

对"双峰插云"景名的释义在《西湖申遗文本》中有最为权威的说明："南高峰、北高峰相距5公里，峰顶南宋时各有古塔一座，每逢云雾低横之日，自西湖西望，群峰隐晦而塔尖分明，因此得'两峰插云'景名。清代，峰顶古塔皆毁废，康熙三十八年（1699）皇帝南巡杭州，御题景名，改'两峰'为'双峰'，并在洪春桥旁建观景亭和御碑亭，标示为该景观的观景点。"

石莲亭

石莲亭位于杭州灵隐路、石莲亭公交站附近，为一座六柱重檐攒尖顶石亭。亭柱间设坐栏，以水泥花格封底，南向和西向设台阶入内。

亭无匾，无楹联。钟毓龙《说杭州》的"唐以前之古迹"章节中关于"石莲亭"有这样的表述："……在灵隐白乐桥北。白居易守杭时，曾于此亭携妓看山，故桥亦名白乐。今犹有石莲亭之地名。"但此亭已非彼亭。

石莲亭

据杭州网杭州新闻中心载，石莲亭附近百年前曾是九里松外国传教士墓园。基督教长老会传教士、燕京大学的创始人、美国驻华大使、杭州荣誉市民司徒雷登的家族墓群就在这里。1889 年，司徒雷登七岁的幼弟罗伯特早卒，葬于九里松外国传教士墓园，1909 年，司徒雷登的大弟戴维狩猎时因猎枪走火，卒于苏州，也归葬九里松外国传教士墓园。1913 年，司徒雷登的父亲约翰·林顿（司徒尔牧师）在杭州去世，司徒雷登由南京回杭州理丧，葬父于九里松大弟戴维墓侧。1925 年，司徒雷登的母亲去世于北京，司徒雷登扶母柩经天津海路至上海转杭州，葬母于九里松父亲墓旁。司徒雷登先生的家族墓以及其他外国传教士的墓在 1964 年的"清理西湖风景区坟墓碑塔运动"中被就地深埋，现已无迹可寻。

康熙诗碑亭

康熙诗碑亭位于灵隐寺山门入口处附件，为一座十二柱重檐单木构亭，犄角处设护栏。

亭无匾，亭柱上挂有四副楹联，其一，"落笔垂馨，下马归舟君独去；铭碑拓胜，闻香听梵我还来"，由林声耀撰，冯其庸书；其二，"境静趣无穷，四壁云山空俗障；水流机不息，一亭烟雨惬宸衷"，由李利忠撰，余正书；其三，"倚槛豁清眸，醉鹫岭光风，云林气象；抚碑融暖意，歆湖山新致，天地和春"，由薄松涛撰，俞建华书；其四，"逼烟萝灵鹫，隐隐江潮腾海日；穿月桂康衢，熙熙人众说龙舆"，由徐弘道撰，周志高书。

亭内居中有一赑屃石雕，驮着近三米高的御碑，刻有"灵隐"两字，为清康熙帝题杭州灵隐寺的诗名，其背面刻有《灵隐》五言诗文："灵山含秀色，鹫岭起嵯峨。梵宇盘空出，香云绕地多。开襟对层碧，下马抚烟萝。羽卫闲来往，非同问法过。"此康熙御题诗碑并非原碑，是 2006 年从扬州大明寺御碑亭拓回重刻的。分明是康熙帝为"灵隐"而题，为何会出现在扬州大明寺呢？从时任扬州知府的高承爵的著述中可见缘由——康熙二十八年（1689），圣祖第二次南巡，道经维扬，当时扬州知府高承爵系满洲正白旗人，其兄高天爵与帝关系甚密，高承爵奉旨先越江，后又随驾驻跸杭州。帝北归时，高承爵又送驾至山东滕县三公桥，在御舟中帝赐宸翰《灵隐》诗一首，并钦升高承爵为江苏按察使。高承爵于康熙己巳年（1689）三月十六日于扬州大明寺内立此碑。

月波亭（玄亭）

月波亭位于杭州灵隐路白乐桥 59 号内，横跨在金沙涧支流一座石桥上，为一座四柱攒尖顶木构亭。

亭匾"月波亭"由蒋北耿题书，其两侧抱柱楹联内容为"鹫峰云敛三生石；龙涧风回九里松"，由王企敔撰，戴家妙书；亭南侧也悬挂一匾——"玄亭"，此匾集马一浮字，其两侧抱柱楹联内容为"连峰紫翠看皆好；乔木风烟画不如"，由清代汤右曾撰，陈进书，故此亭又称"玄亭"。

位于杭州"平湖秋月"景点御书楼西曲桥头也有座同名的"月波亭"，详情参见本书《孤山及周边》章节。

春淙亭

春淙亭位于杭州灵隐飞来峰理公塔对面的回龙桥上，横跨龙泓涧，为一座四柱重檐攒尖顶钢砼结构路亭。

亭匾"春淙亭"由陈从周书，陈进题跋，亭名取自苏东坡《灵隐前一首赠唐林夫》中的"两涧春淙一灵鹫"诗句。亭两侧石柱上的楹联内容为"山水多奇踪，二涧春淙一灵鹫；天地无凋换，百顷西湖十里源",由黄文中集李白、苏轼、苏辙诗句并书。

据记载,春淙亭初建时为木构亭,位于合涧桥上,清乾隆八年(1743),灵隐寺住持义果将亭由合涧桥移至此;太平天国时亭毁,光绪初重建;现亭为民国二十二年(1933)修建灵隐寺天王殿时,改建为钢砼结构。

春淙亭

壑雷亭

壑雷亭位于杭州灵隐景区冷泉亭旁,为一座二十四柱单檐歇山顶矩形木亭,体量较大。

亭名与"春淙亭"一样,取自苏东坡的《灵隐前一首赠唐林夫》中"不知水从何处来,跳波赴壑如奔雷"诗句。亭匾"壑雷亭"由楚图南书。楹联有三,正面两侧楹联内容为"雷不惊人,在壑原非真霹雳;泉能泽物,出山要有热心肠",由时庆莱撰,钱定一书;中柱为"峰欲再飞无净土;泉甘耐冷有名山",由黄文中撰书;另一副楹联为"飞瀑欲凌空,远度峰头作霖雨;出山能泽物,先从壑底起风雷",由清代查亮采撰,钱茂生书。

壑雷亭

据记载，此亭始建于宋代，相传是北宋开国皇帝赵匡胤第十世孙担任杭州知府时所建，当时亭下曾建有水闸蓄水排洪，至今还存有一条石坝。清光绪十五年（1889），广州徐应镕重建。民国四年（1915）夏又复修葺，许炳璈补额。

冷泉亭

冷泉亭位于杭州灵隐景区灵隐寺山门前、临冷泉池处，为一座十六柱重檐歇山顶矩形亭。

亭匾"冷泉亭"由郭化若书，陈进题跋："此亭始建于唐代，白居易曾为之作冷泉亭记。亭址原在水池中央，后毁于山洪；

冷泉亭

明万历年间移亭于岸上。一九九二年冬。"楹联有三，前柱楹联内容为："泉声咽危石；日色冷青松。"此联出自王维《过香积寺》诗，由欧阳中石书。匾额两侧楹联内容为"泉自几时冷起；峰从何处飞来"，由董其昌撰，许麟庐书；中柱内侧的楹联内容为"泉自冷时冷起；峰从飞处飞来"，由晚清嵊州知事石治棠撰，李铎书，与前联甚为呼应。

据《西湖游览志》记载，冷泉亭始建于唐代，当时亭在水中，规制甚小。于明万历年间移亭堤上。自唐以来，冷泉和冷泉亭一直是诗人们流连忘返的处所，有关它们的诗咏甚多，白居易、苏东坡、林积、宋僧智圆、辛弃疾、元白珽、吕止庵、沈周作、高士奇、江元文等等，都有留下相关诗文。

翠微亭

翠微亭位于杭州灵隐飞来峰半山腰，为一座重檐八柱攒尖顶钢砼结构亭。

亭匾有二，楹联有五。"翠微亭"匾置于亭内，"翠微"之名源自岳飞《登池州翠微亭》诗："经年尘土满征衣，特特寻芳上翠微。好山好水看不足，马蹄催趁月明归。"其两侧楹联内容为"飞鹫何来，佛国有缘留净土；骑驴且去，河山无恙付斜阳"，由陈训正题书。"归存岳峙"匾置于亭楣，"归存岳峙"是对岳飞气节和功勋的颂扬。其两侧楹联内容为"回钟宕漾融闻性；幽翠玄微印觉心"，由释太虚大师题书。亭内另外三副楹联为：夏鼎题书的"路转峰回藏古迹；亭空人往仰前贤"；魏敷滋、南芳甫集句并书的"万壑松风和涧水；千年豪杰壮山丘"；黄文中集句并书的"孤亭似旧时，登临壮士兴怀地；鹫岩标远胜，翻动平生万里心"。

翠微亭

杭州有多处纪念岳飞的建筑，翠微亭就是其中之一，为南宋抗金名将韩世忠悼念岳飞于绍兴十二年（1142）所建。乾道五年（1169）安抚周淙重建。清光绪中钱塘丁丙再建。今亭为民国十六年（1927）冬灵隐寺慧明法师修建，旧时亭下右侧崖壁上有韩彦直题记刻石，现残存。

乾隆诗碑亭

乾隆诗碑亭位于杭州灵隐寺天王殿前东侧、面对冷泉亭，为一座四柱重檐攒尖顶御碑保护亭。

亭无匾，无楹联。亭内有一碑石，碑体盘龙额带底座，碑额正反两面均有篆体阴文"御制"二字，碑身四面及碑额两侧各有乾隆题诗一首，现整理如下：

乾隆诗碑亭

碑身正面诗文："不碍静中喧，看取动时定。小坐忘万缘，湛然满清听。"落款为"题冷泉亭乾隆辛未春御笔"。

碑身背面诗文："岭是西方鹫，飞来住岌峨。名山观不少，此地比宁多。法苑开龙象，清襟洽薜萝。诸天应拱护，御辇昔曾过。"落款为"丁丑春日恭依皇祖灵隐寺诗韵御笔"。

碑身东侧诗文："飞来峰畔路，法相坐嵯峨。宛识祇园近，已闻梵呗多。竺云开月宇，仙籁下烟萝。到处瞻光被，羹墙岂是过。"落款为"再依皇祖灵隐寺诗韵壬午暮春月御笔"。

碑身西侧诗文："冷泉绕曲曲，鹫岭矗峨峨。襟带有如此，清凉那见多。云居悬月地，尘迹扫风萝。分付庭前柏，记予四度过。"落款为"三依皇祖灵隐寺诗韵乙酉春闰御笔"。

碑额东侧诗文："峰入飞来路，玲珑复崎峨。即看佛宇富，应识祖恩多。春物邕阶卉，山云润壁萝。岂期十五载，仍此一相过。"落款为"四和皇祖灵隐寺诗韵庚子暮春御笔"。

碑额西侧诗文："皇祖题灵隐，奎文山并峨。云林实后易，岁月亦云多。映砌长禅草，拂窗密慧萝。观韶如季札，不拟重相过。"落款为"甲辰季春，五和皇祖灵隐寺诗韵御笔"。

从六首诗文的落款时间可知乾隆皇帝六次巡幸杭州的时间，每次来都作诗一首，可见乾隆帝对灵隐寺的偏爱。

具德亭

具德亭位于杭州灵隐寺五百罗汉堂西北，为一座六柱攒尖顶木亭。此亭穿斗式结构，飞檐翘角，每檐角都有一龙首。

亭匾"具德亭"由灵隐寺前方丈木鱼大师题书。无楹联。亭内有一井，井圈上有木鱼大师题写的"娑罗井"三字。"娑罗"为树名，是印度名木，高大坚实，当年佛祖即在娑罗双树下涅槃，以"娑罗"命井名，似有饮水思源、追思佛祖之意。

灵隐寺历史上，曾有"理公为祖，延寿为宗，具德中兴"之说，"具德亭"为纪念清初具德大师中兴灵隐之功劳而建。具德和尚（1600—1667），清初著名僧人，字具德，名弘礼，俗姓张，会稽（今浙江绍兴）人，为明末清初著名史学家、文学家张岱之族弟。具德从小随父兄移居杭州，"喜与黄冠导引之士游"。明天启元年（1621）出家，崇祯八年（1635），具德和尚曾入灵隐寺，后云游外地。明末清初，经历了战争和遭遇了多次天灾人祸后的灵隐寺已破败不堪。清顺治六年（1649），具德和尚正式入住灵隐寺，经过18年的寺庙建设，灵隐寺规模远超永明延寿禅师之时而跃居"东南之冠"。

韬光径亭

韬光径亭位于杭州灵隐寺西北巢枸坞韬光寺前，为一座十六柱单檐歇山顶路亭，亭柱间设长条石凳。亭横跨于石阶上，古朴简洁。

亭匾"韬光径"由张华父题书，魏之祯题跋。楹联有二，亭匾两侧楹联内容为"湖光塔影连三竺；海日江潮共一楼"，由黄文中撰书（落款为"民国廿三年，临洮黄文中"）；亭内石柱上所刻楹联内容为"韬晦承吕姜耽禅悦静观万物；光华耀中华阐圣教普救群黎"，由冯极嫦撰，周孟庵书（落款为"民国二十二年仲秋"）。

韬光亭所在的韬光寺是由唐代蜀地名僧韬光禅师所建；后晋天福三年（938），由吴越王重建，改名"广岩庵"；宋真宗时又易名"法安院"；最终寺以人名，"韬光寺"之名一直沿用至今。

韬光径亭

一瓯亭

一瓯亭位于杭州灵隐寺西北巢枸坞韬光寺内、金莲池畔，也是韬光引水种植金莲之地，为一座四柱重檐攒尖顶方亭。此亭建于1961年。

亭匾"一瓯亭"由邹梦禅书。无楹联。亭内陈列"乾隆宸翰"残损御碑，此碑在二十世纪五十年代韬光寺整修时发现。御碑两面分别刻有清乾隆帝游韬光时题写的一首五言诗和一首七言诗，碑身左下角有一刻有"乾隆宸翰"文字的方形大印。

御碑阳面内容如下：

二十二年丁丑仲春再至韬光坐会莲池上用白乐天寄韬光禅师韵

最爱翠鬟处，因之白足家。鸟却飞叶竹，鱼上落溪花。倡和成陈迹，林泉自道芽。上人者个在，不领一杯茶。

御碑阴面内容如下：

二十七年壬午暮春月再至韬光

韬光寺里一泓水，奇迹应同卓锡泉。此日偶然临碧镜，当年见说

现金莲。常涌古往今来月，不异云容山色天。七字促成旋命驾，清新却愧自家篇。

景晖亭

景晖亭位于杭州北高峰的半山腰，为一座八柱硬山顶木石结构路亭，其两侧石柱间设长条石凳。

亭无匾，无楹联。旁侧的《景晖亭记》碑文记录了发生在民国四年（1915）的一段往事，从中可知此亭的建置由来。西湖山水之间亭子众多，它们或以诗句命名，或以周围景致命名，或以其功用命名，而以人名命名的极为罕见。

毛泽东诗碑亭

毛泽东诗碑亭位于北高峰，为一座四柱重檐攒尖顶方形亭，于1999年12月26日在毛泽东诞辰一百零六周年之际，为纪念毛泽东登北高峰而建。

亭匾由刘江用篆体书写，无楹联。亭内立有一汉白玉碑，刻有毛泽东题书诗《五律·看山》："三上北高峰，杭州一望空。飞凤亭边树，桃花岭上风。热来寻扇子，冷去对美人。一片飘飘下，欢迎有晚鹰。"

毛主席于二十世纪五十年代曾先后五次登上北高峰。1955年4月毛主席第三次登上北高峰，留下了这首诗。

梅岭路一带

佛学院碑亭

佛学院碑亭位于杭州法云弄60号的杭州佛学院内，为一座十二柱硬山顶木构亭，外观古朴敦实，为石碑保护亭。

亭无匾，无楹联。亭内有一"人能弘道，非道弘人"碑，为纪念2017年在杭州召开的第十届中国佛教讲经交流会，灵隐光泉法师撰文并立。

佛学院碑亭（洪涛摄）

碑亭所处的杭州佛学院，其前身是由若瓢法师于1946年创立的武林佛学院，其院址设于灵峰寺，后由于时局混乱，经费匮乏，武林佛学院于1948年底停办。1998年，经光泉法师提议，杭州市佛教协会在中天竺法净禅寺成立"杭州佛教僧伽进修班"。2001年启用"杭州佛学院（筹）"。2006年，获国家宗教局批准，成为国内唯一一所"以佛教艺术教育为特色"的综合性佛教院校。2010年，法云新校区落成。

三生亭

三生亭位于杭州下天竺法镜寺后的莲花峰东麓、三生石景点内，为一座四柱攒尖顶方亭，亭柱间设坐栏。

亭匾"三生亭"三字为篆体，由刘江书，其两侧楹联内容为："除灭世间想；了达诸法空。"此联出自弘一法师《华严集联》，由东岳书。

三生亭因三生石而建。三生石由三块天然石灰岩石组成，每块高约丈许，

三生亭

石上镌刻"三生石"三个篆字及《唐·圆泽和尚·三生石迹》碑文，是清初《西湖佳话》所传"西湖十六遗迹"之一。

三生石的传说在民间流传甚广，苏东坡也为此写了《僧圆泽传》，从此杭州天竺寺后山成为三生石传说地。历史过了一千年，这块曾与"女娲补天石"齐名的"三生石"，却由穿越时空的友情化成缘定三生的爱情见证。曹雪芹的不朽名篇《石头记》（《红楼梦》），其书名即源于"三生石"的传说。三生石的故事，之所以如此源远流长，深深打动每一个人的心，是因为自佛教传入中国之后，经过汉、魏、晋、南北朝与中国传统文化的长期交流碰撞，佛教三世因果，轮回转世等观念已渐渐深入人心。而高僧圆泽和忠臣之后李源之间一诺千金，隔世不昧的友情与神奇的宿命，正好契合了中国人对生命永恒的期盼和对友情的珍视，引发了人们对前世今生的幽思和共鸣。

月桂飘香亭

月桂飘香亭位于杭州灵隐天竺路月桂峰西侧山麓（近三天竺公交站），为一座六柱攒尖顶木构亭。亭柱间设坐栏。

亭匾"月桂飘香"，佚名书，其两侧楹联内容为"峰独飞来泉皆

流去天香桂子月中落；西湖胜景东晋名蓝梵呗诗声亭外飘"，由王企敖撰，戴家妙书，联中"天香桂子月中落"出自唐代宋之问的《灵隐寺》诗，全诗为："鹫岭郁岧峣，龙宫锁寂寥。楼观沧海日，门对浙江潮。桂子月中落，天香云外飘。扪萝登塔远，刳木取泉遥。霜薄花更发，冰轻叶未凋。夙龄尚遐异，搜对涤烦嚣。待入天台路，看余度石桥。"这首《灵隐寺》是宋之问在唐睿宗景云元年（710）被贬为越州长史，离京赴越途中经过杭州，游灵隐寺后所作。

月桂飘香亭所处的下天竺法镜寺的前身为建于东晋咸和五年（330）的翻经院，属灵隐寺的一部分；清乾隆二十七年（1762）乾隆南巡杭州游览天竺寺，并御题法镜寺；清咸丰十一年（1861）寺庙毁于兵火；后屡建屡毁，至1989年底，寺内中轴线上三大殿等殿堂修整一新。现寺内主要殿堂有：天王殿、圆通殿、药师殿、东僧房等。现为西湖唯一之尼众寺院。

梦泉亭

梦泉亭位于杭州白云峰下的上天竺法喜寺内，为一座八柱歇山顶四角方亭。梦泉亭外观较特别，因亭内四根朱红亭柱而看似亭内有亭的错觉。

亭名因原寺庙旁有名为"梦泉"之泉而得，亭匾"梦泉"为赵孟頫遗墨，其两侧亭柱上刻有楹联一副："水鉴当民鉴；慈云作庆云。"落款为长白三宝。

据《天竺山志》载，东晋咸和初，慧理来灵隐卓锡，他登武林山时惊曰："此乃中天竺国灵鹫山之小岭，不知何以飞来？仙灵隐窟，今复尔否？"由此，山名"天竺"峰称"飞来"，峰北建寺称"灵鹫寺"；后人把峰南所建各寺称"天竺寺"，分为上天竺法喜寺、中天竺法净寺和下天竺法镜寺。梦泉亭所处的就是三天竺中的上天竺法喜寺，以观音灵验闻名，历代帝王都来此拜奉观音，所以成了有名的观音朝拜道场之一。

梵音亭

梵音亭位于杭州龙井村近梅家坞十里琅珰的仰峰岭上，为一座六柱攒尖顶钢砼结构亭，柱间设坐栏。

亭匾"梵音亭"为佚名撰书，其两侧楹联内容为"四面云山似屏立；一川星月映梵音"，亦为佚名撰书。

梵音亭所在的仰峰岭在古代曾是交通十字路口，它东接琅珰岭，西连棋盘山，南邻上天竺众寺院，而北边则是龙井茶的发源地狮峰山老龙井。如今的十里琅珰作为一条旅游风景线，而在当时从仰峰岭到棋盘山经鸡笼山到茅家埠，是脚夫们的一条生计活路。

梅坞春早景碑亭

梅坞春早景碑亭位于杭州梅家坞村口的茶园中，为一座四柱单檐歇山顶亭，亭柱间设长条座。

亭无匾。景碑亭前柱楹联内容为"春自乐归，山山叠翠；茶其能醉，户户飘香"，由尚佐文撰，李文采书。亭内立有一景碑石，阳面刻有"梅坞春早"，由张祖安题书；阴面刻有《三评西湖十景碑记》，由王其煌撰文，蔡云超书。

"杭为茶都"，西湖龙井功不可没。西湖龙井茶名闻中外，根据产地分狮、龙、云、虎，即狮峰、龙井、云栖、虎跑四地；民国后，梅家坞的茶产量有了很大的提高。以前人们按照五个产地的不同品质划分龙井茶的质量排名，分别是狮、龙、云、虎、梅。梅家坞位于云栖西二公里的琅珰岭北麓的山坞里，四周青山环绕，茶山叠嶂，加上周恩来总理的几次来访使得梅家坞的名气大增。经过2003年的整治，梅家坞营造出了"十里梅坞蕴茶香"的农家休闲旅游环境,成为杭州一个具有独特品牌的旅游新亮点。

三聚亭

三聚亭位于杭州云栖竹径景区入口处,为一座八柱硬山顶砖石结构三开间亭。"观音斗"式山墙,除通道外亭柱间设长条凳。与临近的九溪"林海亭"颇为相似,为路亭。

亭匾有二,前额为"云栖竹径",由陈云题书;亭内另有"三聚亭"匾,由唐诗祝题书,无楹联。

《湖山便览》卷九记载:"由范村北行数里为三聚亭,范村与云栖、天竺合径处也。"故得"三聚"亭名。

洗心亭

洗心亭位于杭州云栖竹径景区游步道侧,为一座四柱歇山顶矩形木石亭,是进入云栖竹径景区的第一座景观亭,亭柱间设有长条座。

亭匾"洗心亭"由邓白题书,无楹联。

洗心亭初建于明代,《湖山便览》卷九记载:"林竹无际,沿竹蹊入又数里,一泉澄碧,覆以亭,署曰'洗心'。由旁而进,则云栖寺也。"清代诗人陈璨就洗心亭作诗云:"万竿绿竹影参天,几曲山溪咽细泉。客到洗心亭子上,顿教尘虑一时湔。"如今的洗心亭为1978年改建而成,亭虽非原物,但其周遭环境还是与诗人描绘的意境相近。

洗心亭

云栖竹径景碑亭

云栖竹径景碑亭位于杭州云栖竹径景区内、过洗心亭后路弯处,为一座六柱攒尖顶木构亭。

亭无匾,无楹联。

云栖竹径景碑亭

此亭建于1986年,亭内有一"云栖竹径"景碑,是陈云于1985年亲笔题书,也是新西湖十景的第一块景碑,亭前的两棵香樟树也是陈云于1987年4月亲手栽种的。据浙江省党史研究室研究人员李林达考证,陈云曾三十多次到云栖,有一年竟然去云栖七八次之多。而每次到云栖,他又总是遇山门便下车,策杖而行,乐在其中。

云栖,旧传山上常有五色瑞云留栖于此,故有"云栖"之称;西湖自古多竹景,而云栖一带堪称西湖竹景之冠,步道以竹夹道,"云栖竹径"自然形成。此外,云栖还是古树名木的集中地,树龄高达数百年至千年不等,且古树品种多,有枫香、糙叶树、柳杉、七叶树、槐树、樟树等,更有号称"活化石"的珙桐树,它们的存在使得云栖更为幽深荫密。

双碑亭

双碑亭位于杭州云栖竹径景区内、修篁深处亭上方的游览道右侧,为一座四柱攒尖顶方亭,亭柱犄角处设长条座。

亭内悬挂"白云红叶"匾,由李长路题书;前柱刻有一副楹联,其内容为"水色山光扑眼宇；秋高气爽荡胸怀"，由商承祚撰书。

传说康熙再游云栖时，曾在此小憩后回行宫，立一碑以记其事，加上亭内原有的康熙题"云栖"石碑，故有"双碑"之名。现双碑均不存，亭为1978年重建。民间俗称的"回龙亭"旧址就是此处。双碑亭的后侧有三棵一千余年的枫香树，为杭州最古老的枫香树，它们见证了云栖的千年历史。

兜云亭

兜云亭位于杭州云栖竹径景区内、由云栖往五云山蹬道入口处，为一座八石柱歇山顶三开间路亭，亭柱间设石条凳。

亭匾"兜云亭"由陈兼舆以草书题书，其两侧石柱上的楹联内容为"迎绿为栽无尽竹；缘云直上最高峰"，由陆俨少撰书。联中"云"为"兜云亭"，"最高峰"指五云山。

兜云亭

兜云亭是登五云山的必经之路，据记载，旧时此处常有彩云朵朵，时聚时散，故名"兜云"。1978年重建。

兜云亭前有一座"莲池大师墓"，为纪念云栖寺中兴之主莲池大师。莲池大师（1535—1615），莲池大师名袾宏，字佛慧，别号莲池，因久居云栖寺，又称云栖大师。著有《净土疑辩》《戒杀放生文》等，与紫柏真可、憨山德清、藕益智旭并称为"明代四大高僧"。

遇雨亭

遇雨亭位于杭州云栖竹径景区内、舒篁阁前的台地上，是一座十二柱歇山顶木构亭，亭柱间设长条凳。

亭匾"遇雨亭"由许麟庐以草书题书，其两侧楹联内容为"山深独辟清凉界；竹翠常飞妙鬘云"，

遇雨亭

由祝遂之书。此联改自清康熙为云栖寺题书的楹联："山僧独辟清净界；竹翠常飞妙鬘云。"

亭内立有一碑石，刻有康熙帝所作的七律诗一首："钱江风雨促前旌，竹树缤纷细草萌。夹岸黎元瞻拜切，频施膏泽惬民情。云栖遇雨康熙"。此为遇雨亭的出处。

密云亭

密云亭位于杭州云栖竹径景区内、接近边界山崖的林子深处，为一座五柱攒尖亭，悬山林处设木栏，其体量可能是西湖周围群山亭子中最小的。

亭匾"密云亭"由杨西湖题书，其两侧抱柱楹联内容为"水向石边流出冷；风从花里过来香"，由鲍贤伦书。据《坚瓠集》记载，该联原是苏洵在家宴客时所出。后来，宋代著名诗僧佛眼和尚释师观把它收集在《颂古三十三首》中："未审魂灵往那方，无栖泊处露堂堂。水向石边流出冷，风从花里过来香。"

密云亭一面紧贴崖壁，其上方被树木遮掩，同时又面对小溪，像是埋伏于山林间，它与旁侧的皇竹亭形成了巨大的反差。

皇竹亭

皇竹亭位于杭州云栖竹径景区的尽头、云栖坞最深处的高台上,为一座十二柱重檐攒尖顶木构亭。亭柱间设坐栏。

皇竹亭

亭建造在五级高台之上,高台前有"月池",再经三级观景平台方能至亭,其体量与邻近的密云亭形成极大的反差。

亭匾"皇竹亭"由朱关田题书,亭内抱柱楹联内容为"指挥如意天花落;坐卧闲房春草深",由赵雁君书。此联出自唐代李颀《题璿公山池》诗,全诗为:"远公遁迹庐山岑,开士幽居祇树林。片石孤峰窥色相,清池皓月照禅心。指挥如意天花落,坐卧闲房春草深。此外俗尘都不染,惟余玄度得相寻。"

据史书记载,康熙帝曾四到云栖,赋诗题额,并赐一大竹为"皇竹",浙江地方官为此建"皇竹亭"以记盛事。只是如今"皇竹"已不存,"皇竹亭"也非旧物,现亭为1978年重建。

龙井一带

西湖的亭

振鹭亭

振鹭亭位于杭州龙井八景景区山道与龙井问茶古道交叉口、龙泓涧旁,为一座四柱重檐攒尖顶木构亭,亭柱间设坐栏。

亭匾"振鹭"悬挂于两重檐之间,由乾隆御题,其两侧抱柱楹联内容为"幽明径仄树容美;清澈水穷苔色新",由明代冯梦祯撰,戴小京书。

西湖三岛之一的"湖心亭"岛上也有一座同名的亭,详见本书《湖中三岛》章节。

过溪亭

过溪亭位于杭州龙井山风篁岭古道上,为一座四柱歇山顶木石亭。四石柱建于单孔石拱的归隐桥上,桥梁架跨玉沟涧。

亭匾有三,"龙井"匾为佚名题书,其两侧石柱上所刻楹联内容为"三笑曾留遗迹;片时暂息行踪",也为佚名题书。悬挂于亭内的"过溪亭"匾为乾隆御题,"二老亭"匾为集苏轼字。

据记载,北宋元丰年

过溪亭

间，高僧辩才禅师自天竺退居老龙井后，就在住所方圆庵与下山道路之间的虎溪上筑了一座名为"归隐"的小桥，意为辩才已经归隐山间，并立下清规，张贴寺内："山僧老矣，精神衰惫……殿上闲话，最久不过三炷香；山门送客，最远不过虎溪。"一日，苏东坡来访，辩才与他一见如故，二人秉烛夜谈。次日辩才送客下山，两人边走边谈，辩才竟忘记自己定下的清规，送东坡过了"归隐"桥。旁边跟随的急叫："送客已过虎溪！"辩才禅师闻声停步，并笑曰："杜子有云，与子成二老，来往亦风流。"后来就把虎溪上的这座"归隐"桥改名为过溪桥。又在桥上建亭，名"过溪亭"，也称"二老亭"。

清乾隆二十七年（1762），清帝弘历南巡龙井，品题"风篁岭""过溪亭"等为"龙井八景"。现亭为1916年重修。虽历经改建和重建，终因其悠久的历史、辩才和东坡的真实故事以及他们对西湖景观文化的影响、对研究杭州地方史及苏东坡个人历史所具有的价值，使得"过溪亭"建筑被杭州市人民政府列为杭州市市级文物保护单位。

风篁亭

风篁亭位于杭州龙井路旁、浣花亭下方的风篁岭古茶道边，为一座六柱攒尖顶木构亭，柱间设长条木凳，以砖砌矮墙支撑。

亭匾"风篁亭"为乾隆御题，其两侧楹联内容为"缘阶井溜通泉乳；绕殿花香挂薜萝"，由陈忠康书。此联出自明代贺灿然《游龙井寺》诗："石

风篁亭

磴回盘尽日过，仙林宝刹迥嵯峨。缘阶井溜通泉乳，绕殿花香挂薜萝。野鹤下时秋色静，山僧卧处白云多。南屏选胜无如此，坐对烟霞一啸歌。"此联与理安寺内"法雨亭"楹联相同。

风篁亭地处风篁岭，被乾隆帝御定为"龙井八景"之一，是钱塘江与西湖的分水岭之一，西湖风景区天然水源之一的龙泓涧和九溪十八涧都源于此。早在北宋元丰年间风篁岭就已知名，当时辩才法师隐居于此，化缘募集资金整治山林，开辟山道，于两侧遍植翠竹，于是在他《龙井十题》题"风篁岭"中就有"风篁荫修岭，挺节含虚心。悠悠往还客，孰不聆清音"的描绘，"风篁岭"也由此得名。

浣花亭

浣花亭位于杭州龙井路龙井寺公交站旁，为一座六柱攒尖顶木构亭，亭柱间设长条石凳。

亭匾"浣花"由乾隆御题，其两侧楹联内容为"风流二老归灵鹫；笔墨千年续楚骚"，出自南宋诗人郑清之《到龙井寺》诗，其全诗为："山围古寺绿周遭，一阁轩腾面势高。炉篆得苓抽露毯，石泉借茗作云涛。风流二老归灵鹫，笔墨千年续楚骚。拙语留题冒蛛壁，暗中摸索愧刘曹。"其中的"二老"指辩才大师和苏东坡。此联由白砥重书。

浣花亭后有"浣花池"，《湖山便览》记载："正统时，李德淘井，泉头汹涌，因疏三池……一曰'浣花'，水自龙泓屈曲下注，旁荠杂花，飞英蘸水，仿佛杜陵风景，故名。"

片云亭

片云亭位于杭州龙井路、龙井寺公交站旁侧上方的山麓，为一座四柱攒尖顶木构亭，亭柱间设坐栏。

亭匾"一片云"为乾隆撰书，其两侧楹联内容为"兴来临水敲残月；

谈罢吟风倚片云",由明代孙隆撰,宋涛书。

根据明张岱《西湖梦寻》卷四记载,风篁岭上有一片云石,高可丈许,青润玲珑,巧若镂刻。松磴盘屈,草莽间有石洞,堆砌工致巉岩。石后有片云亭,司礼孙公所构,设石棋枰于前,上镌"兴来临水敲残月,谈罢吟风倚片云"之句。据此,最初的"片云亭"筑建于明代万历年间。

片云亭

经片云亭上山,可见一高约3米石,上刻"一片云"三字。此石青润玲珑,巧若镂刻,因状若片云而得名。"一片云"为清乾隆御题"龙井八景"之一。

江湖一勺亭

江湖一勺亭位于杭州龙井山"龙井问茶"景区内、近龙井泉池,为五柱梅形攒尖顶亭。亭顶形状颇似斗笠,体形玲珑,亭柱间设弧形仿石矮墙凳。

与大多亭匾形制不同,"江湖一勺亭"匾由七片半筒形瓷瓦(似竹)组成,

江湖一勺亭

由吴寅先生以篆书书写,其两侧楹联内容为:"萦云细路杳无尽;落石飞泉静有声。"此联出自宋代诗僧道潜《次韵文饶同自龙井出资国度泛舟以归北山》诗,全诗为:"踞虎奔犀列万形,奇观真已过南屏。萦云细路杳无尽,落石飞泉静有声。十里平湖初卷荠,一天秋色共扬舲。停桡共过孤山寺,寂寂林僧半掩扃。"

此亭始建于1953年至1954年间,原为梅瓣形木构小亭,1970年按其原状改建为钢砼仿木结构梅形亭,因其高踞土坡,透过林木间隙可眺望江湖之一角而得此亭名。

此亭邻龙井泉,龙井泉本名龙泓,又名龙湫,在地质学上属于岩溶裂隙泉,它与杭州的虎跑泉、玉泉并称为西湖三大名泉,早在1700多年前的三国东吴赤乌年间就已被发现。

听泉亭

听泉亭位于杭州龙井山"龙井问茶"景区内,为一座六柱攒尖顶亭。亭柱间设坐栏,以砖砌矮墙支撑。亭的后半部与一卷棚顶亭以及六柱亭廊相连成廊。

亭匾有二,"听泉"匾由赵之谦以篆体书,匾额下方内侧亭柱上有一楹联"翠接明湖,青涵古井;云生幽壑,香度遥峰",由吴亚卿撰,卢前书;以楷书书写的"听泉亭"亭匾悬挂于卷棚顶亭亭楣,其两侧楹联内容为"松上落来惊鹤梦;潭中泻下杂龙吟",出自元末明初张昱《听泉轩为龙井智法师赋》诗,由李章庸书。

亭旁有一高约六尺、状如游龙、被后人称为"神运石"的巨石。神运石为明朝正统十三年(1448)从井底挖出,乾隆皇帝认为这块石头是神力所运,所以赐名神运石。古人有击石祈雨而云生之说,后为乾隆御题"龙井八景"之一。

与偕亭

与偕亭位于杭州龙井山"龙井问茶"景区、邻近听泉亭,为一座六柱重檐攒尖顶木亭,亭柱间设坐栏。

亭匾"与偕亭"由王波书,其两侧楹联内容为"玉毫珠顶无离即;皓月清池得证因",清乾隆题,戴家妙书。

史料记载,清朝乾隆皇帝六下江南,遍游杭州,曾四次到龙井游览、品茶、赋诗,在龙井寺御题"龙井八景",并为"龙井八景"题写了32首诗,此联出自乾隆题杭州龙井寺。

思茶亭

思茶亭位于杭州龙井村棋盘山南麓的茶坡上,为一座四柱攒尖顶仿木构亭,后方两柱间设坐栏。

亭内立了一块石碑,阳面所刻内容为:"毛主席采过茶叶的龙井茶树 江华 一九六三年三月廿八日";阴面所刻内容为:"毛泽东主席和龙井茶 毛泽东主席于一九六二年,一九六三年两次在刘庄的一棵茶树上采摘龙井茶,当时毛主席一边采茶,一边乐呵呵地说:种瓜得瓜,种豆得豆,我们是种茶叶得茶叶喽。毛主席采下的茶叶制成干茶后,卫士用虎跑水为主席沏上一杯龙井香茶,主席呷了一口,高兴地说:龙井茶泡虎跑水,天下一绝。为了纪念毛主席对龙井茶和茶乡人民的关怀,经有关领导同意,于二〇一九年十二月四日,从毛主席采摘过的那棵茶树上剪下枝条,扦插栽培于此。龙井村。"

思茶亭

梅亭

　　梅亭位于杭州老龙井景区,为一座四柱攒尖顶木结构亭。亭柱间设坐栏,以砖砌矮墙支撑。亭左右两侧有长廊连接延展。

　　亭匾"梅亭"由葛德瑞书,无楹联。

　　梅亭前有一株蜡梅,相传为曾经居住此处的辩才大师所栽,距今已有 800 多年,人称"宋梅","梅亭"之名因此而得。

龙泓亭

　　龙泓亭位于杭州老龙井景区、龙井泉上方靠山体处,为一座四柱攒尖顶亭。亭柱间设长条座。

　　亭匾"龙泓亭"由宋柏松书,其两侧楹联内容为:"珍重老师迎厚意;龙泓亭上点龙茶。"此联出自北宋赵抃《重游龙井》诗,全诗为:"湖山深处梵王家,半纪重来两鬓华。珍重老师迎意厚,龙泓亭上点龙茶。"联中的"老师"是指辩才法师,赵抃任杭州知府时,与居住此处的辩才法师交往甚密。

　　说到龙泓亭,必提"龙泓涧",它是乾隆帝钦定的龙井八景之一。龙泓涧是西湖的四大母亲溪之一,从龙井寺旁蜿蜒而下,贯穿整个龙井景区,最终汇入西湖。

辩才亭

　　辩才亭位于杭州老龙井景区狮峰山麓、一平台高处,为一座四柱攒尖顶木构亭。

　　亭匾"辩才亭"由王漱居书,其两侧楹联内容为"辩才真法师;于教得禅那",出自苏辙《龙井辩才法师塔碑》文,由宋柏松书。

　　亭内立有辩才大师塑像。辩才法师(1011—1091),俗姓徐,名无象,法名元净,浙江於潜(今临安)人。10 岁入明智寺;18 岁入灵隐天竺寺，师从灵隐寺慈云大师；25岁仁宗皇帝特恩赐紫锦袈裟并赐法号"辩才"；嘉祐八年（1063）杭州知州沈遘以上天竺寺住持智月法师之邀请他入山住持，朝廷恩准并赐改寺名为"灵感观音院"，为上天竺第三代祖师，主持法席长达十七年之久；晚年退居狮峰山麓老龙井方圆庵，元祐六年（1091）圆寂。

辩才亭

辩才法师隐居龙井多年，因其法道和师德，苏轼、赵抃、杨杰、秦观、道潜、米芾、守一及高丽国王子义天等时常入山拜谒，龙井一带留下不少与辩才法师相关的景点，如老龙井寺、方圆庵、过溪亭、风篁岭、片云石等等。辩才法师长于诗文颂偈，可惜传世不多，《龙井十题》——《狮子峰》《风篁岭》《归隐桥》《寂室》《照阁》《讷斋》《潮音堂》《萨埵石》《坤泉》《龙井亭》是他的传世之作之一。

熏陶德化亭

熏陶德化亭位于中国茶叶博物馆龙井馆区门亭右侧，为一座四柱悬山顶木构亭。亭柱间设木围栏。

亭匾"熏陶德化"落款为德寿殿，应为宋高宗赵构退位隐居德寿宫时所书。"熏陶德化"出自宋徽宗所著《大观茶论》序中，其两侧楹联为"白云钟方撞；绿雪茶已煎"，由石韫玉撰，陈进书。

熏陶德化亭地处中国茶叶博物馆龙井馆区，最具山地园林景观特色，另有双峰馆区，是我国唯一以茶和茶文化为主题的国家级专题博物馆。博物馆围绕茶文化传播使命，积极对外开展文化友好交流，以专题展览、茶文化讲座、茶文化交流、茶艺展演等形式宣传和弘扬中国茶文化。

惠风和畅亭

惠风和畅亭位于中国茶叶博物馆龙井馆区山门的右上方，为一座四柱硬山顶木构亭，柱间设坐栏。

亭匾"惠风和畅"由王福庵题书，"惠风和畅"出自晋王羲之《兰亭集序》中"是日也，天朗气清，惠风和畅"句；其两侧抱柱楹联内容为："棐几只摊淳化帖；雪瓯频试敬亭茶。"此联出自清代汪琬《再题姜氏艺圃》诗，全诗内容为"隔断城西市语哗，幽栖绝似野人家。屋头枣结离离实，池面蘋浮艳艳花。棐几只摊淳化帖，雪瓯频试敬亭茶。与君企脚挥谈麈，杨柳阴中日渐斜"，由梁同书老先生书。

联中"敬亭茶"指的是"敬亭绿雪茶"，产于安徽宣城市北敬亭山的一种名茶。而杭州西湖产茶，历史悠久。唐代陆羽《茶经》记载："钱塘生天竺、灵隐二寺"，是杭州出产茶叶的最早文字记载，也表明其栽种、炒制和饮用都与佛门寺僧有关，这种佛门山茶可视为西湖龙井茶的前身。宋代，灵隐、天竺仍然是西湖的主要产茶区，当时以"香林茶""宝云茶"和"垂云茶"最为人称道，屡见于文人笔下，而龙井茶真正扬名得益于明代朱元璋的"罢造龙团"之举，龙井茶之后成为贡茶，至清代，龙井茶更是蜚声遐迩，乾隆帝六下江南，四到龙井茶区，观看采摘与炒制，品饮龙井茶，

惠风和畅亭

还钦点"十八棵御茶",留下了不少脍炙人口的诗句,将龙井茶举为天下名茶之冠。

茶有真香亭

茶有真香亭位于中国茶叶博物馆龙井馆区山门上方的啜英街上,为一座八柱歇山顶木构亭。此亭体量较大,亭柱间设坐栏。

亭匾"茶有真香"的落款为德寿殿书,是宋高宗赵构退位隐居德寿宫时所书。"茶有真香"出自宋徽宗《大观茶论》中《香》章节:"茶有真香,非龙麝可拟。"亭无楹联。

亭内置一屏风,屏风上嵌有大屏幕,滚动播放龙井茶园四季风貌及茶文化知识的视频,因此亭地处馆区中心位置,所以常见游客驻足观看,此处也是龙井馆建筑相对集中之处。亭对面即是"鸿渐阁",取自茶圣陆羽之字"鸿渐";其底层设"茶学堂",是学习茶道、茶艺的地方。

茶有真香亭

啜英咀华亭(清轻甘洁亭)

啜英咀华亭(清轻甘洁亭)位于中国茶叶博物馆龙井馆区内、茶有真香亭的右侧,为一座四柱硬山顶木构亭。此亭体量较小,处在馆区和休闲区的分界处。

因在亭子的前后分别挂有"啜英咀华"和"清轻甘洁"亭匾,故亭名有二,且两亭匾均出自宋徽宗的《大观茶论》句,其中"啜英咀华"

出自《序》:"而天下之士,厉志清白,竟为闲暇修索之玩,莫不碎玉锵金,啜英咀华。"此亭匾由俞建华题书,其两侧抱柱楹联内容为:"春莼唐人从著述;秋莼晋彦亦怀思",由何钟嘉撰书。亭匾"清轻甘洁"四字集苏东坡字,出自《大观茶论》中的《水》章节:"水以清轻甘洁为美。"其两侧抱柱楹联内容为"西子一湾浑似画;东坡七盏欲忘家",由尚佐文撰,陈仁璋书。

中国茶叶博物馆龙井馆区内有诸多匾额均出自宋徽宗《大观茶论》,如"致清导和""熏陶德化""茶有真香""妙之所得""盛世尚存""山川灵禀""韵致高静""和美具足""草木灵者""庆得茶天"等等。《大观茶论》原名《茶论》,为宋徽宗赵佶所著的关于茶的专论,因成书于大观元年(1107),故后人称之为《大观茶论》。全书共二十篇,对北宋时期蒸青团茶的产地、采制、烹试、品质、斗茶风尚等均有详细记述。其中《点茶》一篇,见解精辟,论述深刻。从一个侧面反映了北宋以来我国茶业的发达程度和制茶技术的发展状况,该书是宋代综合性的茶论著作,也是历史上唯一一部皇帝所著的茶学专著。

澄怀亭

澄怀亭位于中国茶叶博物馆龙井馆区内、高濂雕像后方的山坡上,为一座四柱硬山顶木构亭,亭柱间设坐栏。

亭匾"澄怀"集书法家赵孟頫字,其两侧抱柱楹联内容为"台阁山林本无异;典谟雅颂用所长",为集句,上联出自苏轼《次韵参寥寄少游》诗中的"台阁山林本无异,故应文字不离禅";下联出自陈师道《赠二苏公》诗中的"小却盛之白玉堂,典谟雅颂用所长",由左宗棠书。

亭前有明代杭州茶人高濂的雕像,"西湖之泉虎跑为最,两山之茶龙井为佳"就是出自高濂,他在《茶泉论》中提及龙井茶谓"真者,天池不能及也。山中仅有一二家，炒法甚精。近有山僧焙者亦妙，但出龙井者方妙。而龙井之山，不过十数亩"，道尽了炒制龙井茶的独特之处。

迟桂亭

迟桂亭位于中国茶叶博物馆龙井馆区西侧，为一座十二柱木结构硬山顶亭。此亭形制比较特别，亭脊两侧有斜坡，使得两侧外凸，外凸处设坐栏，其余柱间置围栏。

迟桂亭

亭匾有二，"迟桂"匾由郁达夫题，其两侧抱柱楹联内容为"词客不归桑梓尽；佳人老去桂花迟"，由钱之江撰，宋涛书；"迟桂花"匾由骆恒光题书，其两侧抱柱楹联内容为："半庭人静莺初懒；九月秋迟桂始花。"此联出自郁达夫《谒岳坟》和《登杭州南高峰》诗，由戴家妙书。

亭名和楹联皆与郁达夫有关，郁达夫（1896—1945），浙江富阳人，1933年移居杭州，《迟桂花》是郁达夫1932年发表的短篇小说，书中对满觉陇和翁家山的桂香有过细致的描绘，几近出神入化之境界。

问茶亭

问茶亭位于中国茶叶博物馆龙井馆区最高处，为一座十二柱歇山顶木构亭，左右两侧设坐栏，其余柱间置围栏。

问茶亭

　　亭匾有二，"问茶亭"匾由清代著名学者阮元题书，其两侧抱柱楹联内容为"八面山光，绿云醉眼；一壶玉茗，碧月留人"，由蔡云超撰书。另一匾额为"庆得茶天"，出自宋徽宗《大观茶论》中《天时》章节，此匾由智永禅师题书，其两侧抱柱楹联内容为"问是谁人，曾以一经传妙道；茶为何物，直从七碗溯灵源"，由王翼奇撰书。联中提到的陆羽《茶经》书以及卢仝的《走笔谢孟谏议寄新茶》（又称《七碗茶诗》）都是中国古代茶文化里的经典之作。

　　问茶亭的下方为龙井馆区热度最高的区域——"茶坛"，这是个正六边形木质平台，于此处可以360度无死角观景，远近风景尽收眼底。

满觉陇至南高峰一带

石屋洞半山亭

石屋洞半山亭位于杭州满觉陇路石屋洞前，为一座六柱攒尖顶半山亭，靠墙处开圆形洞门。此亭没有亭名，笔者觉得形制较为特别，故作记录。

亭无匾，前柱楹联内容为"向日分千笑；迎风共一香"，由书法家顿立夫以篆体书。此联出自唐太宗李世民《咏桃》五言诗："禁苑春晖丽，花蹊绮树妆。缀条深浅色，点露参差光。向日分千笑，迎风共一香。如何仙岭侧，独秀隐遥芳。"

亭所处的石屋洞景区是集天然溶洞、摩崖石窟以及山林景色为一体的庭院式景观，因洞石极高，如同一屋而得名。石屋洞外原有石屋寺，寺院建于吴越国时期，北宋宣和三年（1121）改为大仁禅寺，至民国初，寺院不存。

石屋洞洞中有洞，洞洞相连，形状像一海螺。五代后晋开运元年（944），洞内最先开凿了石刻造像，之后又先后在四周洞壁雕凿罗汉516尊，中间雕刻有释迦像和诸位菩萨像，此后石屋洞因为摩崖石刻名声大振，

石屋洞半山亭

吸引了众多文人雅客前来。北宋的苏轼、明代的史鉴都曾游历过石屋洞。但可惜的是，石屋洞内的石窟造像在宋代、清代以及"文革"中遭到不同程度的破坏，实为遗憾。1995年11月，海外华人与政府共同出资对洞中的石刻、造像加以修复。

石屋洞因其庭院内外遍植桂花，每当八月中秋前后，这里桂花盛开，花香四溢，是杭城赏桂胜地。

擒云亭

擒云亭位于杭州满觉陇路石屋洞上方，为一座四柱重檐攒尖顶钢砼结构木屋架亭。山道从亭内而过，亭两侧柱间设长条木凳，以砖砌矮墙支撑。

亭匾有三，无楹联。"擒云亭"匾悬挂于亭内，由陈叔亮书；"石壁松风"

擒云亭

匾悬挂于亭东侧，为佚名书；"白云红叶"匾悬挂于亭西侧，也为佚名书。

此亭建于1973年，是在扩建石屋洞景点时新建，因其地处洞口上方，轩敞高昂，似可擒云而得名。亭下方的石屋洞，为著名的烟霞三洞之一，是盘山而上的满觉陇路上遇到的第一洞，因其洞石极高，形状像一座屋子而得名。

吟香亭

吟香亭位于杭州满觉陇路石屋洞景区的一高坡平台上，为一座四柱攒尖顶木构亭，亭柱落地，柱间悬空处设围栏，形制较为特别。

亭匾"吟香"由金鉴才题，无楹联。吟香亭的亭名源于桂香，因亭下方为桂花厅，居高临下，撩人诗兴，因而得名"吟香"。

桂花也是杭州的市花，满觉陇、石屋洞一带遍植桂花，是杭城赏桂的绝佳之处。每到金秋桂花盛开之时，这里尽是接踵而至的赏桂人，"满陇桂雨"也是因此得名。

吟香亭

满陇桂雨景碑亭

满陇桂雨景碑亭位于杭州满觉陇路满觉陇公交站旁，为一座六柱翘角攒尖顶木构亭，亭柱间设长条仿石凳。

亭无匾，前柱楹联内容为"饰金软雨来天阙；袭袯香尘入涧溪"，此联为旧联，由骆恒光书。联中"天阙"特指满觉陇。亭内立有一景名碑石，上书"满陇桂雨"，由刘海粟题书。

"满陇桂雨"为杭州新西湖十景之一，景点位于满觉陇。满觉陇地名是因五代吴越国时，这里有座叫"满觉院"的寺院而得名。早在明代以前，这里就有栽种桂花的习俗，至明万历年间，这里已成为桂花的种植基地，村民以桂花为业，同时也成为杭城最佳的赏桂之地，这种盛况一直延续至清代后期，清末藏书家、目录学家丁立诚在其《满觉陇担桂》诗中道："桂花蒸过花信动，桂花开遍满觉陇。卖花人试卖花声，一路桂花香进城。"

水乐洞门亭

水乐洞门亭位于杭州满觉陇路水乐洞景点入口处，为一座四柱硬山顶木亭。山道经亭而过，两侧柱间设长条木凳，上行约30米即至水乐洞。

亭匾"水乐洞"为佚名题书，其两侧楹联内容为："悬崖滴水鸣金磬；激涧流泉走玉沙。"此联出自元代杨载《水乐洞》诗，全诗为："石林求路转聱牙，来访香岩大士家。雨过门前生薜叶，风行陇上落松花。悬崖滴水鸣金磬，激涧流泉走玉沙。欲适山林去城市，久知寂寞胜纷华。"此联由王自力书。

水乐洞为烟霞三洞之一，是盘山而上的满觉陇路上遇到的第二洞。它在五代吴越国时期并没有命名，直至北宋时期，杭州郡守、著名诗人郑獬为洞命名，从此名声大噪，文人墨客纷沓而至。到了南宋时期，权臣杨存中将其选为私家别墅之址，之后又被权相贾似道买下，可见水乐洞在当时的受欢迎程度。水乐洞以水景闻名，是西湖洞景中最为奇特的喀斯特岩洞，洞全长约60米。此处原是五代吴越国西关净化禅院遗址，有立于五代后晋开运三年（946）的《西关净化禅院新建之记》碑。现存有北宋熙宁二年（1069）《郑獬水乐洞题名》和熙宁癸丑年（1073）《王廷老等水乐洞题名》等较多摩崖题记，水乐洞摩崖石刻是西湖文化的重要组成部分，对研究书法等具有重要价值，2013年被杭州市人民政府列为杭州市市级文物保护单位。

寄迹忘机亭

寄迹忘机亭位于杭州满觉陇路杨梅岭、村口牌坊上行约20米的石阶道上，为一座四柱硬山顶木亭。石阶经亭而过，亭内两侧亭柱间设长条凳，为一路亭。

原有一亭匾，为余正所题"寄迹忘机"，今已不存。亭柱上有一

楹联"石角山湾藏秀气；霞陂水泽挹清芬"，由高筱梅撰，金春源书。

在寄迹忘机亭的下方公路边有一石，上刻"乾隆古道"。清朝乾隆皇帝一生嗜茶，在位 60 年，六次南巡，竟有四次亲临龙井寺，其喜好可见一斑。该古道正是当年乾隆皇帝移驾上山之路，途中蜿蜒曲折，郁郁葱葱，山坡上茶树垄垄成行，青苇翠竹，木筑茶舍，可见农家田园之朴美。

湖山无恙亭和六桂香远亭

湖山无恙亭和六桂香远亭都位于满觉陇路烟霞洞公交站旁，两亭几近连体。

湖山无恙亭，为一座四柱攒尖顶钢砼结构木屋架亭。亭柱间设长条石凳，体量较六桂香远亭略大。亭匾"湖山无恙"由宋涛题书，其两侧楹联内容为"佳日在春秋，莫负寻茶赏桂；清游无远近，何妨倚石迷花"，由尚佐文撰，蒋北耿书。

六桂香远亭，为一座四柱悬山顶钢砼结构木屋架亭，亭柱间设长条石凳，体量较小。亭匾"六桂香远"由王水法题书，其两侧楹联内容为"烟霞濡墨天边落；秋月穿云岭上明"，由蔡云超撰书。

此亭地处翁家山，"翁"姓是"六桂"所含"洪、江、翁、方、龚、汪"六姓之一，也是最为值得自傲的黄帝姬姓子孙，《元和姓纂》指出："周昭王庶子食采于翁，因氏。"故"六桂香远"意味着六桂文化历经千年，同流同化，源远流长。

烟霞古洞半山亭

烟霞古洞半山亭位于杭州满觉陇路与乾龙路交叉处、六桂香远亭对面上山通往烟霞洞景点的登山石阶上，为半山亭。

亭匾"烟霞古洞"由方介堪以篆书题书。无楹联。

此亭为烟霞洞景区入口，"烟霞洞"名称的来历有两种说法，其一，洞内石笋钟乳因受到阳光照射而色彩缤纷，犹如流光溢彩的烟霞；另一说法是因此洞所处之山间常弥漫着烟岚雾霭而得名。据烟霞洞原有题记"吴延爽舍三十千造此罗汉"记载，洞内石窟造像为五代末期，遗憾的是这些造像不可避免地遭到大大小小的破坏。1978 年至 1979 年，根据历史照片，对损毁的罗汉进行过修补和重塑。现存石窟造像 18 尊，其中十六罗汉形态各异，体现了五代吴越时期雕刻艺术的精华。关于十六罗汉的题材传世作品很少，除了烟霞洞的十六罗汉造像之外，其他地区极为罕见，在全国占据极其重要的地位，故而被列入全国重点文物保护单位。

舒啸亭

舒啸亭位于杭州满觉陇路烟霞洞景区象鼻岩旁，为一座六柱攒尖顶木构亭，亭柱间设坐栏。

亭匾"舒啸亭"由吴亮平题书，其两侧楹联内容为"一角夕阳藏古洞；四围岚翠接遥村"，由盛桂撰，鲍贤伦书。

烟霞洞的左侧、舒啸亭旁就是"象鼻岩"景观。《西湖渔唱》称它"凌空下卷，以形似名"。岩石天然形成内外层，外层酷似大象，形象逼真；俯身看内层则似幼象，躲于母象腹下，憨态可掬。石上刻字"象象"，既有似象的意思，同时又道出象的数量。清代张丹曾有诗描写此景："最奇象鼻石，万古自垂青。岂合烟霞相，常悬薜荔形。洞中搜石佛，崖口觅松苓。何日营云屋，朝朝倚翠屏。"

此亭与呼嵩阁上下呼应，为 1980 年重建。

吸江亭

吸江亭位于烟霞洞右前方山腰处，为一座六柱攒尖顶木结构亭，

亭柱间设长条木凳。

亭匾"吸江亭"三字由溥杰书,无楹联。

据记载,吸江亭在烟霞洞右前,亭踞山腰,绿树阴翳,可眺钱江,故名。亭为毛杉木构筑,不尚华饰,风格淳朴,始建于民国二十九年(1940),陈璩、僧学信主其事,1980年重修。其中"僧学信"指原烟霞寺僧人,原烟霞寺位于如今烟霞洞茶室,为五代吴越王所建,宋代改为"清修寺",后圮。烟霞寺也曾有屡建屡毁的经历,清光绪年间,在僧人学信的主持下,寺院再一次兴盛起来,加上院里遍植梅花,一度形成了文人墨客前来植梅赏梅的传统,胡适、巴金、瞿秋白等曾到此游历。现寺庙已不存。

陟屺亭

陟屺亭位于杭州烟霞洞景区呼嵩阁上方、登南高峰的山路旁,为一座六柱攒尖顶木石结构亭。

亭匾"陟屺亭"由陆维钊题书,其两侧楹联内容为"得来山水奇观,与君选胜;对此烟霞佳景,使我思新",由金凤藻题。亭内石柱上还刻有一副楹联,只是刻文已大半模糊,只留得"三月湖□□□六朝山色□□古闽十龄童"等字,据资料记载,此联为:"三月湖光杭郡景;六朝山色秣陵秋。"亭柱上还另刻有较小的文字,能辨认的刻字为:"青山依旧向吾曹,竹杖芒鞋未觉劳。已过重阳情更好,白头兄弟补登高。辛酉重九后五日

陟屺亭

贵阳陈夔龙作……"

  此亭建于清宣统三年（1911），为晚清文人金凤藻女士为纪念其母所建。亭名出自《诗经·魏风·陟岵》中的"陟彼屺兮，瞻望母兮"。在她的《陟屺亭记》中这样写道："余于辛亥仲夏偕光松夫子养病西湖，暇时辄事游瞻，得便览湖山名胜，独少以幽邃胜者，惟烟霞洞最惬我意，徘徊瞻眺不能自已。回忆先慈生平极爱山水，而幽邃之境尤其欣赏，今得斯境而不能与吾亲同赏矣，思之泫然。爰邻洞口建筑斯亭，名曰'陟屺'，藉寄思亲之意并述其缘起而为之记焉。"此文说明了建亭的缘由，是为了表达其强烈的思亲之情。

无门洞亭

  无门洞亭位于杭州南高峰无门洞前，为2020年新建的一座四柱硬山顶木构亭，两侧亭柱间设坐栏。

  亭无匾，亭名直接书于亭内靠山处枋上，其两侧楹联内容为"一界江流天地外；四围山色有无中"，由王其煌撰，王小勇书。

  亭旁的无门洞是南高峰上一处天然溶洞，距离南高峰山顶20多米的南向悬崖蔽荫处，外大内小，呈海螺状，当地人视其洞形似无门房舍，故名无门洞。洞内岩壁两侧刻有26尊佛像，雕刻时代大约在明代前。因年代久远，许多佛像均已模糊，但总体保存情况尚好。无门洞造像姿态各异，刻画粗放简约，虽然雕刻相对粗糙，但无疑丰富了杭州摩崖造像的内容，对研究杭州石刻造像艺术有一定的参考价值。无门洞造像于2015年9月被列为杭州市文保点。

尺咫摩天亭

  尺咫摩天亭位于杭州南高峰千人洞前，为2020年新建的一座四柱攒尖顶木构亭，亭两侧柱间设坐栏。

亭匾"尺咫摩天"由戴家妙题书,其两侧抱柱楹联内容为"峰峦叠翠拾空揽胜拏云上;洞涧传声摇碧攀风得气中",由王其煌撰,宋涛书。

千人洞在南高峰南坡山腰天池洞西侧,为一处天然溶洞,是西湖群山中已探明的最大山洞。洞全长 320 余米,洞室最高处约 7 米,最宽敞处达 1300 余平方米,可容千人,故名"千人洞"。洞内有石钟乳、石瀑等岩溶景观,还有大量崩坍岩块。

骋望亭

骋望亭位于南高峰峰顶平台上,为一座四柱重檐攒尖顶木构亭。亭柱间设长条凳,平台的前半部分由两根石柱支撑呈悬空状,后半部分则依山而建。

亭匾"骋望亭"由唐诗祝题书。亭名出自明代田汝成《荣国寺》诗:"飞塔中天起,清秋骋望来。凭阑霄月近,倚杖海云回。俯瞰千峰合,丹青万木开。犹怜双足健,无日不登台。"亭无楹联。

骋望亭东侧是南高峰塔遗址。南高峰塔始建于后晋天福年间,初建时规模宏大,共七级,高十丈,塔四面有窗,有楼梯可登塔。元朝末年,塔毁损后只存五级。至明代万历年间,塔遭雷击仅存塔址。虽然塔已毁,但从历朝的诗作中,我们不难看出,南高峰塔曾经是杭州的地标性建筑之一,比如宋时杨万里的《晓登小楼雾失南高峰塔》:"日日南高峰,

骋望亭

知我登小楼。笑回紫翠面,擎献新鲜秋。独将诗魂去,恣绕月胁游。得句寄与渠,月姊不敢搜。绝顶珥琼笔,仰空书银钩。今晨招不来,开窗得孤愁。折简呼屏翳,能为追亡不。"双峰插云的景名正是因南高峰、北高峰两塔高耸入云而得名。

听泉亭

听泉亭位于杭州南高峰北麓、留余山居附近,横跨在登南高峰的游步道上,为一座六柱攒尖顶木构亭,亭柱间设砖砌矮墙式座。

亭匾"听泉"落款为乾隆御题,其两侧抱柱楹联内容为"能洗襟怀同绿绮;恍闻环佩逐清风",由尚佐文撰,蔡云超书。上联中"绿绮",为古琴别称。

《湖山便览》卷八记载:"由六通寺循仄径而上,灌木丛薄中,奇石林立,不可名状。山阴陶骥,疏石得泉,泉从石壁下注,高数丈许,飞珠喷玉滴崖石,作琴筑声。逐于泉址结庐,辅以亭榭,由泉左攀陟至顶为楼,曰'白云窝',楼西为台,以供眺览,曰'流观台'。台下洞壑窈窕,稍得平壤数弓,为堂三楹。乾隆二十二年,圣驾临幸,赐题'留余山居'四字为额。""留余山居瀑布,泉从石罅出,悬流数丈,汇为深池。乾隆二十七年,御题泉旁亭曰'听泉'。"此处为西湖十八景之一,今已不存。如今的"留余山居""流观台""听泉亭"等景观都是2004年按古籍记载的当时布局而重建。2020年前后,又对南高峰周边环境进行了整治和重新规划,开辟了一片具有观赏价值的区域,听泉亭就是在此次整治过程中建造的。在杭州"龙井问茶"景区也有一同名的亭,详见本书《龙井一带》章节。

满陇桂雨公园至九溪一带

金粟亭

金粟亭位于杭州虎跑路满陇桂雨公园内东部。其形制较为特殊，共有三十柱，建筑两端以亭形制造型。

亭匾由郦一平题书，其两侧抱柱楹联内容为"桂子落秋月；荷花羞玉颜"，集李白诗句，上联出自其《送崔十二游天竺寺》诗，下联出自其《西施》诗，楹联由陶程华书。

长廊的尽头还有一副楹联，其内容为"曾因酒醉鞭名马；生怕情多累美人"，为佚名撰，郁建炎书。此联出自郁达夫的《钓台题壁》诗："不是樽前爱惜身，佯狂难免假成真。曾因酒醉鞭名马，生怕情多累美人。劫数东南天作孽，鸡鸣风雨海扬尘。悲歌痛哭终何补，义士纷纷说帝秦。"

"金粟"为桂花别名，金粟亭所在的满陇桂雨公园，是杭州诸多公园中种植桂花最多的公园，明代高濂曾作《满家弄看桂花》："桂花最盛处唯两山龙井为多，而地名满家巷者，其林若墉若栉。一村以市花为业，各省取给于此。秋时，策蹇入山看花，从数里外便触清馥。入径，珠英琼树，香满空山，快赏幽深，恍入灵鹫金粟世界。"清人张云敖有《品桂》绝句："西湖八月足清游，何处香通鼻观幽？满觉陇旁金粟遍，天风吹堕万山秋。"可见花事历史悠久，"满陇桂雨"景点也是杭州新西湖十景之一。

四眼井亭

四眼井亭位于杭州虎跑路与满觉陇路交会处、动物园公交站旁，为一座五柱攒尖顶亭，其攒尖顶上塑有一奔鹿。亭柱间设坐栏，花格栏杆封底。

亭匾"四井亭"为佚名题书，其两侧楹联内容为"吟思艳于花上露；神姿翩若座中云"，由清代著名学者翁方纲撰书。此亭于2000年8月为当地村民捐款所建。

亭因井名，亭前有四口眼井，是杭州著名的"四眼井"，也是昔日附近村民生活用水的主要来源。四眼井初筑于吴越时期，此处原有甘露寺，北宋改为广释禅寺，明代重建。寺内有一泉，清澈甘冽。后寺毁泉存，筑井四眼，称四眼井，并建有井亭，"四眼井"后来逐渐演变成地名。井眼四周青石铺地，呈正八边形。四眼井泉水终年不涸，滋养一方水土，具有较高的历史、文化价值，于2013年12月"满觉陇四眼井"被列为杭州市市级文物保护单位。

双绝亭

双绝亭位于杭州虎跑公园内，是由虎跑路正门进入园区后见到的第一座亭，为一座六柱攒尖顶木亭，亭柱间设坐栏。

亭匾"双绝亭"由赵雁君题书，其两侧楹联内容为"方便行于世；寂静调其心"，由李叔同集句并书。此联出自佛教《华严经》中，《十忍品》和《离世间品》。

亭名"双绝"意赞"虎跑泉"和"龙井茶"。古人云："得佳茗不易，觅美泉尤难。"杭州西湖不仅有"天下第三泉"的虎跑名泉，更有"中国名茶之首"的龙井茶，若用虎跑泉水冲泡龙井茶则清香四溢，沁人心脾，堪称"西湖双绝"。虎跑泉水清澈纯净、长流不绝，得益于虎跑得天独厚的自然环境，虎跑泉水从石英砂岩中渗过流出，水质无菌，是一种优质天然的可饮用矿泉水。

含晖亭

含晖亭位于杭州虎跑公园内，由虎跑路正门进入园区后见到的第二座亭，为一座八石柱斜坡硬山顶路亭。留出通道外，亭柱间以长条石凳相连，两边建有墉墙并设窗。

亭匾"含晖亭"由杨西湖题书，其两侧石柱上刻有楹联一副"石涧泉喧仍定静；松荫路转入清凉"，为佚名撰书。

含晖亭

含晖亭面对玉皇山，又雄踞于高阶之上，看尽了晨光初照和落日余晖，因此得名"含晖"。亭前有一对石赑屃，其上均无碑，是2007年8月中旬于虎跑公园整治工程中在含晖亭内发掘出土的。赑屃，是古代汉族神话传说中龙之九子之一，外形似龟，善驮重物，是我国古代的一种祥兽。赑屃一方面为实用之物，用来做碑座，俗称"神龟驮碑"，另一方面，又具"长寿吉祥"的象征意义，常见于祠堂、陵墓、碑林、宫殿、寺庙和其他古迹胜地。

清音亭

清音亭位于杭州虎跑公园内、"虎跑梦泉"塑像旁，为一座四石柱攒尖顶方亭。清音亭跨石阶而建，两侧亭柱以长条石凳相连，为一路亭。

亭匾"清音"由陆抑非题书，其两侧亭柱所刻楹联内容为"山势北连三竺去；泉声西自五。云来"，由王澄题书。

清音亭建于1985年，亭旁便是"梦虎"雕塑。雕塑高5米、长9米，是根据"虎移泉脉"的民间传说而创作,园名"虎跑"也是因此而得。雕塑旁的"梦虎"二字出自著名书法家顾廷龙的手笔,石刻"虎移泉脉"为著名书法家沙孟海书。

自唐元和年间性空在此结庵,首开佛教道场,

清音亭

千百年来,绵延流传,成为杭州重要丛林之一,也吸引了众多的高僧大德、文人雅士和帝王政要,汇集了独特的名泉、名僧、名人文化。1949年后几经改造,虎跑成为西湖一处融自然景观和人文景观于一体、具有鲜明林水特色的江南湖山公园,新西湖十景之一。

仰止亭

仰止亭位于杭州虎跑公园内、邻近"虎跑梦泉"塑像,为一座歇山顶石方亭,犄角处设石板栏杆。此亭体量较小,但形制较为特殊,在西湖景区颇为罕见。

亭楣"仰止亭"三字由何水法题书,其两侧石刻楹联内容为"行云流水怀高士;明月清风忆故人",为旧联,由骆恒光书。

仰止亭建于1984年,亭名取自《诗经·小雅·车辖》"高山仰止,

仰止亭

景行行止"句,以赞叹法师品德之高尚,是为纪念弘一法师而建。

亭旁的"弘一大师舍利塔",为六面形,须弥座高2米、塔身高3.1米,上覆葫芦形塔顶,是丰子恺、钱君匋、叶圣陶等集资于1954年落成,塔铭为马一浮先生书。弘一大师舍利塔于1992年1月被列为杭州市市级文物保护单位。

真珠亭

真珠亭位于杭州虎跑路真珠坞内,为一座十柱歇山顶木构亭。亭柱间设美人靠坐栏,下方以花格封底。

亭匾有二,"真珠"匾由智藏题书,其两侧抱柱楹联内容为"山空泉响细;珠散水纹圆",由张瀚撰,刘为民书,此联出自张瀚《珍珠泉》诗:"有时幽兴发,尽日白云阿。仄径扪萝上,名泉载酒过。蚌胎星彩散,骊颔夜光多。时出应无息,投入奈暗何。何处觅渊源,幽亭石罅边。山空泉响细,珠散水纹圆。照月光逾迥,含星影共联。从知久沉湎,一酌已醒然。""天朗气清"匾悬挂于亭内,其两侧抱柱楹联内容为"声随夜雨穿疏箔;名逐春风入小槽",由董嗣杲撰,宋涛书,此联出自宋代董嗣杲《真珠泉》诗:"泉光四散骇猿猱,迸起平池点滴高。谁欲斗量徒积梦,人将瓶汲肯辞劳。声随夜雨穿疏箔,名逐春风入小槽。别有雷峰峰下圃,一泓埋没在蓬蒿。"

钱江大桥守护亭

钱江大桥守护亭位于钱江大桥南、北两头的路侧,为六柱攒尖顶木构亭,因功能需要亭柱间设置封闭空间,是为守护钱江大桥站岗的解放军战士设置的两座岗亭。

钱塘江大桥横跨钱塘江,于1935年4月动工,1937年9月26日建成通车,为中国工程师茅以昇自行设计和监造的国内第一座双层式铁路、公路两用桥梁。1937年12月，为阻止日军，茅以昇亲手炸毁了桥梁，于1948年3月重新修建。现桥全长1453米，高71米，上为10.1米宽的公路桥，下为标准轨距的单线铁路桥。钱塘江大桥不仅是我国桥梁史

钱江大桥守护亭（洪涛摄）

上的巨大成就，也是我国铁路桥梁史上一个辉煌的里程碑。它的建成，不仅结束了我国无力建造特大桥的历史，而且为浙江省乃至华东地区的交通运输作出了巨大贡献。2006年6月25日，钱江大桥被国务院列为第六批全国重点文物保护单位。

英烈亭

英烈亭位于杭州钱江大桥北端西侧的杭州革命烈士纪念馆前、蔡永祥塑像前方，为一座六柱攒尖顶木构亭。亭柱间设坐栏。

亭匾"英烈亭"由薛慕桥题书，其两侧的抱柱楹联内容为"碧血绣红旗，英风万里，催起江潮腾日夜；丹心照青史，烈魄千秋，引来福泽润山河"，由金鉴才书。

杭州革命烈士纪念馆前身为建于1968年的蔡永祥烈士事迹陈列馆。1983年4月，增名"杭州市革命烈士纪念馆"，主要展出近一个世纪以来，杭州人民在党的领导下前仆后继的革命斗争历史，以及李成虎、张秋人、刘别生、蔡永祥等近百位革命烈士的事迹，同时还设有"杭州市见义勇为烈士事迹陈列厅"等展厅。此馆现为浙江省和杭州市两级爱国主义教育基地、国防教育基地、社科普及基地、党史教育基地。

秀江亭

秀江亭位于杭州之江路六和塔文化公园东侧,为一座八柱攒尖顶木构亭,亭柱间设长条木凳。

亭匾"秀江亭"由祝遂之题书,其两侧抱柱楹联内容为"塔影卧晴云,满眼苍松闲作浪;涛声来海峤,一鞭白马远扬尘",由周明道撰,金鉴才书。

亭内有一碑石,为西湖新十景之一的"六和听涛"碑。碑阴有杭州著名文史学者王其煌撰文,书法家蔡云超书《三评西湖十景碑记》。

据记载,秀江亭初建于北宋,几与六和塔同龄。宋代张炜曾作《题六和塔秀江亭》诗:"秀江亭上驻吟怀,苔藓轩窗四面开。潮怒挟风吹海立,橹声摇月下天来。浮沤世事等出没,泛梗羁人几去回。待写篇诗纪游迹,路迢不奈马频催。"此诗描绘了当时登六和塔、游秀江亭时的情景。后亭毁,如今的"秀江亭"为1971年大修塔身时新建。

六和钟声亭

六和钟声亭位于杭州之江路六和塔景区内、六和塔后方一平台上,为一座四柱攒尖顶钢砼结构木屋架亭。

亭匾"六和钟声"由沈定庵书,无楹联。

亭内悬挂一铜钟,其样式为仿造我国著名的永乐大钟。钟体有铭文,由毛昭晰撰文并书,其全文为:"铄铜为钟,悬诸秦望。格于上下,光于四方。扣之必应,击之铿锵。发以清音,近亮远彰。相生律吕,递变宫商。铭我襟怀,勿迷勿罔。钱江滔滔,钟声荡荡。维我神州,繁荣富强。各族团结,人民安康。经济腾达,万事呈祥。伟哉中华,仁威远扬。千秋万世,地久天长。"

有塔必有寺,宋时六和塔边原有寺院名为"开化寺";有寺必有钟,但在开化寺多次毁建的过程中,钟楼也随之消失了。直到1996年10

月8日，六和钟声重新在月轮山上启鸣。自此之后，到六和塔敲钟祈福，已成杭州人的习俗，尤其是每到除夕夜之时。

六和碑亭

六和碑亭位于杭州之江路六和塔景区内、近六和钟声亭，为一座四柱重檐攒尖顶方亭。

亭匾由远志题书，其两侧楹联内容为"挟九区爽气，扬两浙风华，拍万古月轮，问他昔日宸翰，尚显得几多文采；建百尺高亭，纳三春胜景，喜六和钟韵，为我名山事业，又播来一片佳音"，由杨尚模撰书。此外还另有三副楹联——西侧的篆体楹联内容为"墨海碑亭，赏前代御题，山临秦望；钟声塔影，访六和胜迹，潮听钱塘"，由叶玉超撰，刘江书；北侧的楹联内容为"月涌江流追往事，浮思古幽情，弘历亭中留御笔；天翻地覆看今朝，颂空前伟业，人民心底树丰碑"，由朱祖功撰，郭仲选书；东侧的楹联内容为："读临江一座名碑而鉴史；登望海七层古塔以观潮"，由王卜一撰，钱法成书。

碑亭内所立御碑为乾隆《登开化寺六和塔记》。碑阳、碑阴、碑侧均刻有文字。碑阳刻有乾隆十六年（1751）三月，乾隆帝南巡至杭州游开化寺登六和塔时所作《登开化寺六和塔记》，正文总共有十三行字，记录了六和塔千百年来的兴衰史以及乾隆皇帝本人游历钱塘美景时的感慨之情。碑阴则刻有乾隆十六年（1751）乾隆帝所作《登六和塔作歌》诗。御碑两

六和碑亭

侧刻有乾隆所题写的诗，碑右侧为乾隆二十七年（1762）所作《壬午暮春瞻礼六和塔作歌》，碑左侧为乾隆五十四年（1789）所作《瞻礼六和塔作歌》。

此御碑高 4.35 米，宽 1.5 米，是杭州市现存的最大的一块御碑。六和碑亭始建于清代，原碑亭已毁，现碑亭是在原址基础上于 1997 年重建。

赏鱼亭

赏鱼亭位于杭州六和塔景区西南侧的六和金鱼苑内、临金鱼池塘边，为一座六柱攒尖顶木构亭，亭柱间设坐栏。

亭无匾，无楹联。

六和塔一带是中国金鱼的发祥地，赏鱼亭地处的六和金鱼苑，是在二十世纪兴建六和塔文化公园时建造的，苑内有金鱼池、涌泉、赏鱼亭和摩崖石刻及牡丹园等景观。

伏虎亭

伏虎亭位于杭州九溪风景区五云山东麓山腰处，为一座四方柱攒尖顶钢砼结构亭，亭柱间设长条座。

据记载，伏虎亭原为木构路亭，以伏虎禅师命名，伏虎禅师为五云山真际寺的开山祖师，现亭为后建。亭旁有一碑石，碑上的《伏虎亭三友茶社小记》记录了民国十九年（1930）在五云山上发生的一桩轶事：

伏虎亭三友茶社小记

庚午夏，陈君春雯，秦君善德，袁君濂和来杭游览。端午后一日，乘兴游五云。五云居云栖之上，五峰森列，骈入云际。拾阶而上，蜿蜒曲折，俯视南北两峰，若双锥朋立。至伏虎亭，舆夫皆口渴气喘，苦无解渴之泉。

三君有感于中，乃再进。至真际寺，与山僧楞通言之，愿各出赀，令其每年二月至十月在伏虎亭中施茶。楞通本佛家普济之旨，欣然承诺。自后，往来行旅得少憩行踪，饮茗涤尘，藉舒襁褓之劳，皆三君之赐也。余美三君年少英俊，其怀德奉善如此，爰志数语，以志钦仰而告来兹。

民国十九年庚午六月　　鄞县应圣场撰　　慈溪葛旸书

葛旸（1900—？），慈溪人，早年与沙孟海同受业于冯君木先生，为著名书法家。

林海亭

林海亭位于杭州九溪风景区五云山东麓往九溪十八涧游览道西侧，为一座八柱硬山顶石柱木屋架亭，亭柱间设长条石凳。林海亭建于民国初，为路亭，亭左右两侧有封墙，简朴粗犷。此亭又称"九溪十八涧亭"。

亭匾"林海亭"挂于亭内，由田原题书。八根亭柱上均刻字，形成四副楹联：

匾额两侧石柱上刻有一副楹联，其内容为："小住为佳，且吃了赵州茶去；日归可缓，试同歌陌上花来。"落款为天琴道人樊增祥，时年七十有九。联中"吃了赵州茶去"为一佛教典故，指唐代高僧赵州禅师以"吃茶去"这句口偈来引导弟子领悟禅的深义；"归可缓""陌上花"出于五代吴越国钱镠给原配王妃戴氏的书信"陌上花开，可缓缓归矣"。

林海亭

前柱外侧楹联内容为:"流云归山,止水绕屋;怪石错径,杂花回栏。"落款为新昌张载阳书。张载阳(1873—1945),1922—1924年间曾任浙江省省长,其间兴建杭临公路及绍兴、曹娥、嵊县公路,筹建浙江艺术专科学校,募修杭州岳坟、钱王祠、绍兴禹陵等。

前柱内侧楹联内容为"高柳垂阴,老鱼吹浪;晚花行乐,小舫携歌",上联出自宋代姜夔《念奴娇》词中的"高柳垂阴,老鱼吹浪,留我花间住",下联出自姜夔的《凄凉犯》词中的"追念西湖上,小舫携歌,晚花行乐"。后柱外侧楹联内容为"林深每得六时荫;海静常涵万象天",由李根源撰书。联中"六时"指白天。

林海亭又称"九溪十八涧亭"。"九溪十八涧"因幽深野趣而闻名,以"九溪烟树"之名成为新西湖十景之一。

九溪烟树景碑亭

九溪烟树景碑亭位于杭州新西湖十景之一的"九溪十八涧"九溪潭边,为一座六柱攒尖顶钢砼结构仿木亭。亭柱间设长条木凳。

亭无匾,有抱柱楹联一副,内容为"天间云影闲相照;林下泉声静自来",由朱关田书。此联出自宋代程颢的《游月陂》诗句:"月陂堤上四徘徊,北有中天百尺台。万物已随秋气改,一樽聊为晚凉开。水心云影闲相照,林下泉声静自来。世事无端何足计,但逢佳节约重陪。"

亭内立有一碑石,上书"九溪烟树",由中国书法家协会原副主席陈叔亮书。

此亭建于1983年,原名"观瀑亭"。1988年,于亭中置"九溪烟树"碑石,改为碑亭。"九溪烟树"为1984年新西湖十景之一,民间俗称"九溪十八涧","九溪"源自龙井山狮子峰,汇合了青湾、宏法、方家、佛石、百丈、唐家、小康、云栖、猪头九坞之水,故有"九溪"之名;"十八涧"源自翁家山杨梅岭,南流至理安山、八觉山口,与九溪汇合,全长约2

公里，因有十八道溪流并入而得名。清末著名学者俞樾的"重重叠叠山，曲曲环环路，丁丁冬冬泉，高高下下树"，寥寥数语道尽了此处景致，而他的"九溪十八涧乃西湖最胜处，尤在冷泉之上也"则是对此景的最高评价。

八觉亭

八觉亭位于杭州新西湖十景之一的"九溪十八涧"九溪潭上方八觉山半山腰，为一座四柱攒尖顶木构亭。

亭匾"八觉亭"由尌蘩以篆书题书，其两侧楹联内容为"势到岳边，千峰环秀色；声归海上，万水拱洪涛"，由清康熙帝撰，戴家妙书。

八觉亭所在的八觉山属西湖新十景之一"九溪烟树"景域，也是形成"烟树"的重要元素之一，每逢雨后，本来"身陷"溪涧之间湿度就高的八觉山，在雨水和温差的作用下其山间树林会自然产生烟雾，笼罩着整个景区，形成典型的烟树景观。

法雨亭

法雨亭位于杭州九溪风景区杨梅岭村古道上的理安寺内，为一座八柱重檐攒尖顶木构亭，亭柱间设坐栏。

亭匾"法雨亭"为竖匾，悬挂于上下亭檐之间，其下方的抱柱楹联内容为"缘阶井溜通泉乳；绕殿花香挂薜萝"，由陈忠康书。此楹联出自明代贺灿然《游龙井寺》诗："石

法雨亭

磴回盘尽日过，仙林宝刹迥嵯峨。缘阶井溜通泉乳，绕殿花香挂薜萝。野鹤下时秋色静，山僧卧处白云多。南屏选胜无如此，坐对烟霞一啸歌。"此联与龙井"风篁亭"楹联相同。

"法雨亭"为清末遗构，亭名应源于亭旁的法雨泉。法雨泉为杭州的五大名泉之一，文献称理安寺初名为"法雨寺""涌泉寺"，都源于此泉。

法雨亭所在的"理安寺"为五代时高僧伏虎志逢禅师栖居之地，吴越王为之建寺。南宋理宗曾来此祈福国泰民安，故称"理安寺"。后屡毁屡建，清末寺废。如今的理安寺为2003年重建。

法雨泉保护亭

法雨泉保护亭位于杭州九溪风景区杨梅岭村古道上的理安寺法雨亭旁，为一座四方柱平顶钢砼结构亭，实为保护法雨泉而建。

亭无匾，但见石亭后柱横梁下坊板刻有光绪年间的题字"涕滴归原"，

法雨泉保护亭

石亭前柱刻有一楹联，内容为"碧螺澄法雨；绿树荫清泉"，为佚名撰书。

法雨泉为杭州五大名泉之一，源自理安山大人峰，泉水自岩壁渗出而滴沥成雨，故有亭内题刻"涕滴归原"。法雨泉中旧有蝾螈可寻，清末著名学者俞樾在其《春在堂随笔》中称其为"泉龙"。

附录：浅析西湖山水间那些『身份』特殊的亭

浅析西湖山水间那些"身份"特殊的亭

施红燕

【摘要】西湖被列入《世界遗产名录》,不是单纯作为"湖泊"类自然景观入选,而是作为"文化景观"的典范被列入其中,它极为清晰地展现了中国景观的美学思想,对中国乃至世界的园林设计影响深远。而点缀于西湖山水间的那些"亭",它们虽然体量较小,但确实是西湖文化景观构成中不可或缺的"分子",除在园林布局中起着点睛之妙用外,有的甚至起到了加深文化底蕴的作用。本文对西湖山水间的亭进行了全面的实地考证和梳理,对几个"身份"特殊的亭进行了历史溯源,希望以此抛砖引玉,殷实历史信息,同时引起社会大众对它们的关注和研究,起到人人护卫、代代相传的作用。

【关键词】列入文保单位名录的亭;历史溯源和考证

亭不仅是供人憩息的场所,也是景观园林中重要的"点景"或"点睛"建筑,明代著名的造园家计成在《园冶》中有极为精辟的论述:"花间隐榭,水际安亭,斯园林而得致者。惟榭止隐花间,亭胡拘水际,通泉竹里,按景山颠,或翠筠茂密之阿,苍松蟠郁之麓;或假濠濮之上,入想观鱼;倘支沧浪之中,非歌濯足。亭安有式,基立无凭。"可见亭之妙处,亭之雅处。以下这些亭因为种种特殊而被列入不同级别的文保单位或历史建筑名录中，有着与众不同的"身份"。

一、过溪亭

1.1. 现状及地理环境

过溪亭位于杭州龙井山风篁岭古道上，为一座四柱单檐歇山顶石亭，四石柱建于单孔石拱的归隐桥上，桥梁架跨玉沟涧，西侧斜坡与上山石阶相连，可通往龙井寺，桥下面是两个相连的长方形泉池，分别为"龙池"和"泻池"，清泉汩汩，终年不竭。风篁岭也叫五子岭，在南高峰的北边、棋盘山和翁家山之间，东起双峰村，西到龙井村，最高海拔约 109 米，它是钱塘江与西湖的分水岭之一。西湖景区天然水源之一的玉沟涧，也就是龙泓涧，以及著名的九溪十八涧都发源于此。北宋元丰年间，高僧辩才隐居龙井后，化缘募集资金整治山林，开辟山道，逐渐形成了一条风景优美的山间小径。因小径两旁种植许多竹子，取自风吹篁竹的景致而有风篁岭之名。

1.2. 文献记录

明代张岱《西湖梦寻》卷四记载：元丰中，僧辩才淬治洁楚，名曰风篁岭。苏子瞻访辩才于龙井，送至岭上，左右惊曰："远公过虎溪矣。"辩才笑曰："杜子有云，与子成二老，来往亦风流。"遂造亭岭上，名曰"过溪"，亦曰"二老"。

清翟灏《湖山便览》卷九记载：过溪亭，在龙井寺门外，初元净退居于此，名其桥曰"归隐"。寻以送东坡过桥，左右有"远公复过虎溪"之言，因改桥名"过溪"，并作亭岭上，曰"过溪亭"，亦称"二老亭"。

民国胡祥翰《西湖新志》卷二记载：亭今二额，曰过溪，曰二老，丁立中跋二老亭额，云旧在风篁岭上，后移龙井祠下，即今址也。此额丙辰季夏，金溶熙重修补立。

施奠东《西湖志》卷七记载：过溪亭，又名二老亭，在"龙井问

茶"景点下方风篁岭麓，本瓦木构，架跨虎溪。亭始建于宋元丰年间，主其事者为寺僧辩才。

1.3. 关联人物和事件

北宋元丰年间，高僧辩才禅师自天竺退居老龙井后，就在住所方圆庵与下山道路之间的虎溪上筑了一座名为"归隐"的小桥，意为辩才已经归隐山间，并立下清规，张贴寺内："山僧老矣，精神衰惫……殿上闲话，最久不过三炷香；山门送客，最远不过虎溪。"一日，苏东坡来访，辩才与他一见如故，二人秉烛夜谈。次日辩才送客下山，两人边走边谈，辩才竟忘记自己定下的清规，送东坡过了"归隐"桥。旁边跟随的急叫："送客已过虎溪！"辩才禅师闻声停步，并笑曰："杜子有云，与子成二老，来往亦风流。"后来就把虎溪上的这座"归隐"桥改名为过溪桥。又在桥上建亭，名"过溪亭"，也称"二老亭"。

1.4. 浅析"过溪亭"

过溪亭亭匾有三，分别为乾隆御题的"过溪亭"匾、集苏东坡字的"二老亭"匾和佚名题书的"龙井"匾。"龙井"匾的两侧石柱上刻有楹联一副，内容为："三笑曾留遗迹；片时暂息行踪。"联中"三笑"出自典故"虎溪三笑"：相传晋代和尚慧远居东林寺时，送客以溪为界，若过溪，寺后老虎就会吼啸起来，因此名虎溪。有一次，慧远送别陶渊明和道士陆修静，由于情投意合，边走边谈，不知不觉过了虎溪，虎即吼叫起来，三人相视大笑。从此，这段僧、儒、道三教合欢的故事传为佳话。（典故中的"虎溪"乃指庐山东林寺虎溪。）

文献资料说明了"过溪亭"的得名由来，以及高僧辩才、苏东坡和此亭的历史渊源，除此之外辩才和苏东坡的两首诗更是呼应了当时的情景，记录了两人的情谊：

辩才的《龙井新亭初成诗呈府帅苏翰林》：

暇政去旌旆，策杖访林丘。
人惟尚求旧，况悲蒲柳秋。
云谷一临照，声光千载留。
轩眉师子峰，洗眼苍龙湫。
路穿乱石脚，亭蔽重冈头。
湖山一目尽，万象掌中浮。
煮茗款道论，奠爵致龙优。
过溪虽犯戒，兹意亦风流。
自惟日老病，当期安养游。
愿公归廊庙，用慰天下忧。

苏东坡和辩才的诗而作：

日月转双毂，古今同一丘。
惟此鹤骨老，凛然不知秋。
去住两无碍，人天争挽留。
去如龙出山，雷雨卷潭湫。
来如珠还浦，鱼鳖争骈头。
此生暂寄寓，常恐名实浮。
我比陶令愧，师为远公优。
送我还过溪，溪水当逆流。
聊使此山人，永记二老游。
大千在掌握，宁有离别忧。

清乾隆二十七年（1762），清帝弘历南巡龙井，品题"风篁岭""过溪亭""涤心沼""一片云""方圆庵""龙泓涧""神运石""翠峰阁"为"龙井八景"，现亭为1916年重修，虽历经改建和重建，终因其悠久的历史、辩才和东坡的真实故事以及他们对西湖景观文化的影响、对研究杭州地方史及苏东坡个人历史所具有的价值，使得"过溪亭"建筑于2000年7月被杭州市人民政府列为第三批市级文物保护单位。

二、云亭

2.1. 现状及地理环境

云亭位于杭州孤山北侧临水处，为一座六角攒尖顶石亭。它所处的孤山是西湖中最大的岛屿，面积20公顷，山高38米，是西湖文物荟萃之地，其景色早在唐宋已闻名遐迩。唐诗人白居易有"孤山寺北贾亭西，水面初平云脚低"，明代凌云翰有"冻木晨闻噪毕浦，孤山景好胜披图"的佳句，更有宋代隐居诗人林和靖墓寝，流传着"梅妻鹤子"之说，是文人雅士的向往地。

2.2. 文献记录

周峰《民国时期杭州》之《民国时期杭州西湖园林》篇记载：玛瑙坡下有云亭，是著名书法金石家、诗人岭南许炳璈生圹，亭筑于民国九年，时年已77岁，许字奏云，故以云名亭。亭后有"玛瑙坡"题字，是吴昌硕手书。

施奠东《西湖志》卷七记载：云亭在孤山北麓放鹤亭西，为六角石亭，亭柱方形葫芦顶，亭角微翘。亭址原为著名书法金石家、岭南诗人许炳璈生圹，亭筑于民国九年（1920），其后为"玛瑙坡"，坡下亭畔为云泉，故亭名云亭。

2.3. 关联人物和事件

云亭建造于1920年，建造者为清末民初岭南诗人、书法家许炳璈。

许炳璈，字奏云，祖籍钱塘，曾任江苏知县，工书法，其父许应鑅曾出任浙江布政使、护理浙江巡抚等职。是许广平的叔叔。许炳璈偏爱西湖，有《西湖百绝》传世，还在西湖边购地皮建生圹，并在旁修筑一石亭（即云亭），作为生圹的标识，他的朋友崔永安（清宣统年间直隶总督）、陈辅臣（曾任虎门要塞司令等职）、张其淦（曾任安徽提学使等职）等纷纷为亭题联，只是许炳璈最终未能葬身于此。如今，生圹已不存，唯"云亭"依旧，石柱上的石刻楹联为许炳璈的朋友们在云亭建成之初品题之作。

2.4. 浅析"云亭"

云亭的命名说法有三：其一，因云亭附近有"云泉"；其二，因许炳璈字奏云，在亭旁的岩壁上自题"一片云"三字；其三，附近有清康熙初始建的敬一书院，墙上嵌有清嘉庆年间浙江布政使朱嶟题书的"孤山一片云"大字刻石，故取名"云亭"。

云亭无扁额，在其六根方形石柱上分别以楷书、隶书、行书、篆书等书体刻有多副旧时文人撰写的楹联："无怀葛天以上；美人名士之间"和"斯世竟何之，幸得傍孤屿寒梅、岳坟忠柏；此心无所恋，却未舍钱江夜月、珠海乡云"，为许炳璈自撰并书；"十亩苍烟秋放鹤；一亭香雪夜横琴"和"千年老鹤三生石；万树寒梅四照亭"，为崔永安撰书；"青山有例归高士；素月对人如古禅"和"此地擅湖山之胜；其人与梅鹤有缘"，为陈辅臣撰书；"有客梦中来，为说二百年因果；待君天上去，更栽三万树梅花"，为张其淦撰书。楹联内提到了包含西湖在内及周边的美好景致——孤山的梅、三生石、四照亭，以及隐匿其中的名人雅士——岳飞、林逋、苏小小。

不远处的西泠印社早期常在玛瑙坡、云亭雅集，切磋篆艺，共赏奇石。许炳璈与西泠印社首任社长吴昌硕及康有为等名家颇有交往，云亭后方崖上仰处有吴昌硕在79岁时应许炳璈之请所书"玛瑙坡"，

西泠印社柏堂大厅楹联"大好湖山归管领；无边风月任平章"以及观乐楼楹联"合内湖外湖风景奇观，都归一览；萃东浙西浙人文秀气，独有千秋"皆为许炳璈所题。云亭建成后，康有为曾题亭匾曰"梅花小寿一千年"，只是如今不复存在，幸好还留存了许炳璈的朋友们为云亭品题的诗联。

西湖山水间的亭多为木构或半木构亭，纯粹的石亭很少见，云亭为其一，这与许炳璈来自岭南不无关联，岭南的气候和地理状况影响着当地人的建筑风格。石材坚实，耐风化，抗潮湿，所以在岭南一带常见石塔、石桥、石坊、石亭、石墓，同时擅长石雕，这在北山街上同为岭南人建造的别墅——穗庐内得到印证。云亭全石的用材、特殊的形制、石柱上多种书体的楹联以及主人许炳璈与西泠印社及其社长、康有为等名家的交往史使得云亭也被列入杭州市文物保护点名录。

三、四宜亭

3.1. 现状及地理环境

四宜亭位于杭州吴山风景区四宜路吴山入口处，为一座六柱长方形斜披顶石亭。四宜亭所在的四宜路，在南宋时被称为"郭婆井巷"，内有知名的"郭婆井"，一井十眼，传说为晋代郭璞所凿，清代戏曲家李渔赞其"美泉"。郭婆井与龙井泉、虎跑泉、玉泉、吴山泉等五泉，并称为杭州圣水。在2002年整治此路时发现南宋宁宗杨皇后府遗迹，这是全国首次发现的保存完好的南宋时期古代园林遗址，因此被列为2002年我国十大考古发现之一。

3.2. 文献记录

施奠东《西湖志》记载：四宜亭在"吴山天风"景区东端，位于极目阁左下方。亭建于一九六四年，为钢仿木结构六角亭，攒尖顶，有坐栏。亭前后多樟树，四季常青，四时皆宜游息，故名"四宜"。

3.3. 浅析"四宜亭"

"四宜亭"无匾,在六根石柱上刻有三组楹联,其内容分别为:"放怀听流水;小坐数行云",由蒋作藩撰书。蒋作藩(1875—1924),字屏侯,号植庵,瑞安人,光绪十九年(1893)中举人,曾掌教乐清梅溪书院,曾任两江军事书报社主编,民国时任黄岩县知事,后调任省城警察厅警正,著有《植庵文稿》。"水色山光,年年月月;松声鸟语,暮暮朝朝",由蒋天牧题;"岭外孤帆风上下;湖边双塔影参差",由松舟题。

四宜亭曾经是个过路凉亭,且在此可以欣赏山景和湖景,前人有诗可鉴:"四宜亭侧起蓬台,远眺湖光一镜开。一自龙泓投笔逝,化为野鹤不归来。"石阶从亭内经过,两边设有石凳,可供上山的人歇脚小憩,当时又称"步步高"。此亭历史久远,在清初就有记载,如今的亭子为民国时期修建。四宜亭虽然简朴,但形制特殊,年代较为久远,但亭至今保存较为完好,富有浓重的文化气息,为吴山重要历史文化遗迹。此亭于 2013 年被杭州市人民政府列为杭州市市级文物保护单位。

四、丁鹤年墓亭

4.1. 现状和地理环境

丁鹤年墓亭位于杭州柳浪闻莺公园内闻莺馆茶室北侧,为一座六柱重檐攒尖顶石亭,内有一石棺——丁鹤年墓。墓亭坐西朝东,台基高 30 厘米,面阔 1.95 米,柱高 2.5 米,倚抱鼓石,柱间围坐凳栏杆。大小额枋用丁头拱、替木承托,每面下檐用单翘重昂、上檐用单翘单昂斗拱各四攒,外承上下檐,内托六角形藻井,下垫皿板。檐上翼角起翘,檐口施勾头滴水。

丁鹤年墓亭所处的柳浪闻莺公园为西湖十景之一,它地处西湖东

南岸，占地约 21 公顷，分友谊、闻莺、聚景、南园四个景区。南宋隆兴、乾道、淳熙年间孝宗皇帝在吴越王钱氏故苑及灵芝寺（今西湖东南涌金门与清波门滨湖地带）建"聚景园"，园中多柳树，有柳洲之名，其间黄莺飞舞，竞相啼鸣，故有"柳浪闻莺"之称的景点。到了清康熙三十八年（1699），康熙皇帝巡游西湖，御书"柳浪闻莺"匾额于涌金门南，并树碑立亭。

4.2. 文献记录

明蒋一葵《尧山堂外纪》记载：鹤年，回回人，尝卜日葬其父，霖雨十日不止。鹤年仰天悲泣，翌日雨止。葬毕，雨如初。时兵乱后，失母墓所在，悲莫深切，夜梦母告以葬所，邻翁韩重者亦梦焉。即其地求而得之，见母尸，正中一齿如漆，复齿齿滴血试之，良验，遂改衬父圹，人呼丁孝子……

清李卫《西湖志》卷二十七记载：元孝子丁鹤年墓，在学士港之南园。

施奠东《西湖志》卷七记载：元代石亭，在柳浪闻莺景区内，与其左后之古朴树，同为此处建园之见证物。亭重檐承之以斗拱，六面形石柱并装配横石枋，柱之外沿着地立有支撑之云日图案护板……

4.3. 关联人物和事件

丁鹤年（1335—1424），字永庚，号友鹤山人，元末明初诗人、养生家，京城老字号"鹤年堂"创始人。丁鹤年为武昌籍色目人，属伊斯兰教穆斯林，本无姓氏。因其曾祖名阿老丁（元代伊斯兰先贤，曾组织重修凤凰寺），祖父名苫思丁，父名职马禄丁，遂以"丁"为姓。其父职马禄丁任武昌达鲁花赤（行政长官），在元朝末年成为起义军追杀的对象，至正十二年（1352），徐寿辉攻克武昌，年仅十八岁的丁鹤年将生母冯氏安顿于城郊，护侍嫡母顺长江东逃至镇江避难。后嫡母病逝于镇江，他徒步往浙东投奔任定海县令的从兄吉雅谟丁。不久，从兄去世，丁鹤年又流落在浙东各处，勉强维持生计。永乐登基（1402）

后，对色目人采取安抚、融合政策，京城也成为色目人的聚居之地。于是丁鹤年与共患难的农村医生乐良才去往北京，穿街走巷行医，著名的"鹤年堂"药铺就是成立于当时，乐良才也成为创办同仁堂的北京乐氏家族的祖宗，著名的药铺同仁堂就是由乐良才曾孙乐显扬创立。晚年，丁鹤年留居杭州，为母守灵达十七载，直到 90 岁去世，逝世后葬于其曾祖父阿老丁墓旁。1949 年 10 月后，丁鹤年墓所在地开辟为公园，墓深埋土中，石亭保留。1999 年杭州伊斯兰教会组织建"丁鹤年墓亭"碑，铭文记事。

4.4. 浅析"丁鹤年墓亭"

丁鹤年曾祖阿老丁因捐金修凤凰寺而美名远扬。丁鹤年为元末明初回族大诗人，在元末明初诗坛上独树一帜，在我国少数民族文学史上占重要地位，在整个中国文学史上也有较大影响；丁鹤年又是著名的"鹤年堂"药铺创始人；也是出名的孝子，《四库全书》中收录的《丁孝子传》和《丁孝子诗》即是他的事迹，诗开篇赞曰："丁鹤年精诚之心上达九天，丁鹤年精诚之心下达九泉"，其去世后葬于原回民南园公墓（今柳浪闻莺内），后人感其孝而在墓旁建亭，以作纪念。基于以上所述，加上丁鹤年墓亭一直保存较好，而且是中国古代与阿拉伯人民友好往来的历史见证，因此于 2000 年 7 月被列为杭州市级文保单位，于 2005 年 3 月被浙江省人民政府列为浙江省省级文物保护单位。

五、中山纪念亭

5.1. 现状和地理环境

中山纪念亭位于杭州孤山北麓西侧、名为"伫立"的雕塑旁，为一座复叠式立柱、圆形重檐攒尖顶钢砼结构亭。

亭所处的孤山位于杭州西湖西北角，它东连白堤，南临外湖，西

接西泠桥，北濒里西湖，因"四周碧波萦绕，一山孤峙湖中"而得名。孤山是西湖群山中最低的山，却是湖中最大的也是唯一的天然岛屿，为白垩纪地质年代火山喷出流纹岩形成。这里山水相映，花木繁茂，亭台楼阁点缀其间，故唐代诗人白居易称其为"蓬莱宫在海中央"。经过千年的积淀，如今的孤山成为人文荟萃、胜迹众多的宝地。南麓有清代皇家藏书楼文澜阁、清行宫遗址、西湖天下景庭院；西麓有"天下第一社"盛誉的西泠印社。巾帼英雄秋瑾墓、清代朴学大师俞樾旧居俞楼、东北坡的林和靖墓与放鹤亭更是孤山的一大景观，每年冬末春初，孤山满坡遍野尽是红白相间、争奇斗艳的梅花，这里也是杭州的赏梅胜地之一。

5.2. 文献记录

施奠东《西湖志》卷七记载：中山纪念亭在后孤山小冈上，系民国十六年（1927）为纪念辛亥革命领袖孙中山而辟建中山公园时所建。亭为圆形重檐钢砼结构，采用西方文艺复兴时期建筑形式。

5.3. 关联人物和事件

中山纪念亭建于民国十六年（1927），在孙中山先生逝世二周年之际，杭州社会各界举行隆重的纪念活动，当时的杭州市政府在此次纪念活动中将孤山公园正式改名为"中山公园"，此亭为当年所建，亭名也因此而就。

孙中山（1866—1925），广东香山（今中山）人。名文，字德明，号日新，改号逸仙，在日本化名中山樵，后遂以中山名世。1905年，以兴中会和华兴会为基础，联合光复会等反清团体组成中国同盟会，被举为总理，多次发动武装起义。1911年12月29日，当选为中华民国临时大总统。1912年1月1日在南京宣誓就职，建立中华民国临时政府，后因立宪派及其他旧势力对袁世凯的支持和革命党人的妥协，被迫于同年2月13日辞职。1914年7月，在日本组织中华革命党，被举为总理。1919 年 10 月，将中华革命党改组成中国国民党，次年组成中华民国正式政府，就任非常大总统。后接受中国共产党、苏俄共产党和列宁的帮助，实行联俄、联共、扶助农工三大政策，邀请中国共产党党员以个人身份加入国民党，把国民党改组成民主革命的联盟，进行反帝反封建的民主主义革命。1924 年，创办黄埔军校。1925 年 3 月 12 日卒于北京。

5.4. 浅析"中山纪念亭"

中山纪念亭采用西方文艺复兴时期的建筑形式，其平面呈圆形。上层系小圆亭，有六根中式方柱，顶为西式叠层圆顶；下层为欧式穹窿顶，外观则为中国屋顶的人字形檐冠，十二根罗马式亭柱立于圆弧矮墙上，两柱为一组，共六组仿爱奥尼柱式双柱，其形制较为独特，在西湖诸亭中较为罕见，是建筑风格演变的见证，具有一定的艺术价值。

孙中山先生生前曾三次来到杭州，第一次是 1912 年 11 月，第二次是同年 12 月 9 日，第三次是 1916 年 8 月 16 日，来杭考察、发表演说，宣传三民主义、《五权宪法》、建国方略。在孙中山先生逝世二周年之际，杭州社会各界举行一系列的纪念活动，比如将孤山公园更名为"中山公园"；建置纪念亭，即"中山纪念亭"；在亭畔营造以落叶阔叶林为主的"中山纪念林"等等，这些都赋予此亭较高的历史价值和人文价值。此亭于 2004 年 5 月被杭州市人民政府列为杭州市第一批历史建筑。

六、穗庐四角石方亭和八角亭

6.1. 现状和地理环境

穗庐四角石方亭和八角亭均在北山街 94 号的穗庐别墅内。穗庐依山取势，三级台地间以石阶相连。四角方亭位于二级台地左侧，坐北朝南，为一座四方柱歇山顶石亭，亭顶、大小额枋、平板枋、人形柁橼、雀替、斗拱、亭柱、柱顶石等均由石块、石条、石板等石材构筑，额枋、雀替、斗拱等构件上有精美图案雕刻，为西湖私家园林罕见。八角亭则位于别墅最高处平台处，坐北朝南，为一座八角重檐攒尖顶木石结构亭，屋面、牛腿为木质，八根亭柱及亭柱间的长条座、美人靠均为石质，柱顶端置有雀替、额枋、平板枋，上置斗拱，顶上覆筒瓦，四面均设石阶，柱子和额枋上有题字。

穗庐地处北山街历史文化街区，据《杭州市志》载，"北山街"形成于民国时期，是杭州地区近现代建筑代表性聚集区，这里的建筑群落均因地制宜、因势随形，持续营建而成，街区展现了自然山水胜景与园林营造美学相融合的特点，除了拥有西湖的自然风光，这里更是杭州近代名人雅集、社会革新发展、民族精神凝聚的见证地。

6.2. 文献记录

施奠东《西湖志》卷六记载：鲍村，在岳庙附近。民国时建，业主为广东鲍柏麟。今为住宅。

王国平《西湖全书》之《西湖八十景》记载：穗庐，又称"鲍庄"，业主为广东人鲍柏麟，1925年建成……院内有大小两座亭子：小的一座全部用石块、石条、石板、石瓦构筑，无一砖一木一铁，为西湖私家园林所罕见；大的一座重檐八角亭为石、水泥构筑，唯有飞檐是木构的，亭子檐下的雕花是木雕，形象生动。

6.3. 关联人物和事件

穗庐始建于民国十年（1921），于1925年建成，是广东富商鲍柏鳞晚年为礼佛养性而选址建造的院落，别称"鲍庄""鲍村"。鲍柏麟，广东人，上海华成烟草公司经理，在杭州、上海、广东等地都置有产业。

新中国成立后，穗庐成为政府机关人员和家属住房。2004年，结合北山街历史文化街区保护工程，搬迁了19户住家，对穗庐进行了建筑维修和环境整治。2005年，浙江省作协租用穗庐，成了"江南文学会馆"的驻地,在入口处放置了刻有巴金手书的"江南文学会馆"字样碑石,并在四角石方亭内设置了巴金手模方柱,此亭才有了"巴金手印亭"的俗称。现穗庐为闲置状态。

6.4. 浅析"穗庐四角石方亭和八角亭"

四角石方亭和八角亭是穗庐的重要组成部分,因别墅地处山坡,为防潮防湿,别墅内建筑多用青砖、水磨石、石条、石板,四角石方亭和八角亭更是如此,除此之外,四角石方亭上的石雕工艺和八角亭上的木雕工艺更是当时匠艺水平的体现,也是别墅主人家乡岭南风韵的体现。

穗庐不仅是有别于江南建筑的杭州少数岭南建筑之一,同时在西湖诸花园别墅中,也是唯一集宅院、祠堂(今不存)、家坟于一体的山地园林建筑。2004年5月,穗庐被杭州市人民政府列为杭州市第一批历史建筑。

七、结论

在2011年6月举行的第35届(巴黎)世界遗产大会上,西湖文化景观被列入《世界遗产名录》,它以秀丽的湖光山色、悠久的历史、深厚的文化内涵以及丰富的文化史迹闻名世界。在以西湖为核心的这片土地上分布着种类丰富的不可移动文物和历史建筑,而这几个体量较小的建筑——"亭"能被列入其中,确有其稀罕之处——或因其悠久的历史,或因其独特的形制,或因其涉及的人和事……希望这些承载着岁月的洗礼、见证着历史的变迁、城市的发展、实证人类文明发展史的文物建筑和历史建筑能够在大家的共同呵护下代代相传。

后　　记

　　笔者从事文物保护和历史建筑保护工作二十余年，对"亭"的研究其实不是我的核心工作，此书的出版可谓是水到渠成、机缘巧合。

　　起初关注"亭"是因为在西湖遗产地内众多的亭中有那么几个"身份"比较特殊的亭子，它们有的是文保单位，有的是历史建筑或是历史建筑的组成部分，所以对它们的保护、修缮有着特殊的要求，所以当时我只对这些亭的相关史料较为注重并留意收集，却也无意中收集了一些"身份"普通、却非常有特色的亭子的资料。这些信息丰富并改变了我最初对亭的认知，它们不仅形状多样，且造景、缀景并不是它们唯一的功用，很多亭与先贤名士、高僧大德等有关，这些内涵赋予了亭更多更高的价值，营造了点睛之外的文化气息或氛围。随着越来越多资料的积累，加上曾经参与过《西湖楹联集萃》一书的核校工作，对西湖遗产地范围内的楹联匾额较为熟悉，逐渐萌生了出书的想法。另外，一位长者的出现更是促成了此事。他喜欢拍摄亭子，经常会因亭的楹联匾额来询问我，随着交流的增进，久而久之让我了解到了我视野外更多的亭子，随着信息量的不断增加和完善，将成果整理、分享给众人的想法愈发强烈，也算是我对保护西湖遗产尽一份力吧。

　　有心出书到付诸行动才体会到出版此书的诸多不易。以前，我也曾编撰过或参与编撰过书籍，一般大量的时间会放在前期收集资料和后期的撰稿上，是较为典型的脑力劳动，即使需要配图，也不是特别困难的事，更不会占用太多的时间。但此书不同，我自觉投入的脑力

后 记

与体力几乎参半，只为求真、求实。

首先是去现场校核不易，虽然前期资料早就具备，但是去现场的校核还是必须的，文献记载与现状有时会出现差异。看遍300多个亭子真的不易，尤其很多亭散布在西湖的群山之上，对于已过知天命之年的我真是一种挑战。有时按图索骥也未必容易找到目标中的亭，着实走了不少冤枉路，比如位于凤凰山景区的观风偶憩亭、龙井八景的振鹭亭、南高峰上的尺咫摩天亭等等，重复的山路走了一遍一遍又一遍，这种懊恼只有自知。

其次是拍照不易，亭子的设立原本就是为了方便游人休憩，所以亭子内常常有驻足观景或是休息的游人，要想有较好的拍摄效果要么辛苦赶早，要么有足够的耐心去等待。有时亭内人不多，当我提出"腾空"的要求并说明拍摄的缘由，一般大家都会配合，但如果很多人在亭内或是走一拨又来一拨的，就很麻烦了，有时一等就是一个多小时，甚至一直等不到理想的效果，只有改日再来。印象最深的是拍摄灵隐路和灵隐景区的亭子，因为那一带游人常年都多，去了几次都没能拍摄出一张理想的照片，为了有较好的插图效果，我只能赶早，天没亮四点多就从家里出发，赶到事先踩好点的位置，天色够亮就抓紧拍摄，因为早起锻炼的人也很多，"真空期"过于短暂，幸好在"无人区"拍摄的快感让我忘却了早起的疲惫，事后想想也着实被自己感动。最闹心的还是好多亭子因其所处地理位置特殊而有着较好的观景角度，但是要拍摄亭子的全景却很难，拍不全或者拍不到正面，尤其是临湖和山顶的亭子，虽然在网上也能搜集到这些"困难户"的照片，但是存在拍摄效果不佳，或者拍摄年份已久而与现实不符，或许还会涉及版权等诸多问题，所以当它就在眼前而"拿不下"的懊恼，或是冒险"拿下"的那种"后怕"也只有扼腕自叹了。

每每遇到不易，我总是以"不容易"换得"有意义"来自勉，同

时我坚信越是看似基础性的研究工作，越是要趁早做。保存原始的基础信息是日后诸多保护、研究类项目的数据支撑，若果真如此，也不枉这几年的辛苦付出。求真务实的过程中也遭遇过别样的"风景"，有时是日出日落稍纵即逝的风景，有时是登上某个山峰宽阔的视域带来的风景，有时是寻找某个目标亭，却无意中发现了一处不被掌握的亭，有时是途中碰到的、颇为感动的人或事……它们虽不是我的目的，却都是我"放矢"过程中的意外欣喜，这种精神上的愉悦不就是我们一生在追求的最高境界嘛！

由于学识和经验有限，书中难免存在疏漏和瑕疵，敬请专家、读者批评指正。图书得以顺利出版，虽是日常工作和学习的积累，更有之前的学术积淀、各方朋友的助力，在此特别要感谢家人的理解和支持，起早摸黑中有你们的相伴和体谅，失落烦恼时有你们的宽慰和鼓励，使得撰稿的过程我始终处于"亢奋"状态；还有出版社尚佐文总编辑对书籍出版给予的支持；还有序言中提到的长者洪老师……对本书出版给予帮助的各位，在此一并表示衷心感谢！

作者于癸卯年仲夏